ちくま新書

日本人の身体

安田 登
Yasuda Noboru

1087

日本人の身体【目次】

章扉写真：撮影者　森田拾史郎
能楽師　津村禮次郎

本文中の甲骨文字・金文は、
白川静『字通』CD-ROM版（平凡社）の
フォントを使用しました。

はじめに

「膝ってどこ？」と尋ねると「ここに決まってるだろう」と膝頭を指します。「じゃあ、肩は」というと「何いってるの、ここでしょ」と肩峰を指す。現代人にとっては、これが当たり前の感覚です。

しかし「子どもを膝に乗せる」というときに、膝頭に子どもを乗せる人はいないし、「肩が凝る」というときに肩峰が凝るという人もやはりいない。

日本人にとっての「膝」とは、膝頭から腿の付け根、太ももの前側全体をいったし、「肩」とは肩峰から首の辺りまでを全部ひっくるめて肩といいました。

すなわち日本人にとっての身体は、膝頭や肩峰のようなポイントではなく、膝のあたり、肩のあたりという「界隈」だったのです。

解剖学的な膝頭や肩峰という「ポイントとしての身体」に対し、「界隈」に代表される「おおざっぱさ」が日本人の身体言語の基本です。

「おおざっぱ」なのは身体の部位の話だけではありません。

子どもの頃はうちには体温計というものがありませんでした。朝、学校に行く前に「熱があるみたい」というと、母や祖母がおでこをさわり、「ああ、このくらいなら大丈夫」と尻を叩かれ学校に追われました。怪我をして血が出ても「このくらいつばをつけておけば平気」と、いい加減な手当てをされたし、海でおぼれそうになって（小さな漁村で育ったので）やっとのことで浜辺まで泳ぎ着きゲーゲー吐いたときだって「少し寝てれば治る」と砂浜に放置されました。

あまり細かいことは気にしない、これが少し前の日本人でした。

現代の身体に対する志向はこの逆に向かっています。

膝が膝頭に、肩が肩峰になるというポイント化だけでなく、病名や怪我の名も細分化されていく。むかしは（少なくとも一般人にとっては）風邪とインフルエンザの違いはなく、ただの下痢と過敏性腸症候群との違いもなかった。

むろん細分化にはいいこともあります。いいことがあるどころか、たくさんあります。しかし、細分化と医学の進歩は、安易なネーミングとそのネーミングに引きずられる盲信という危うさもはらみます。

数年前に「肉離れ」というものを体験しました。寒い舞台の上に九十分ほど座っていて突然走り出したら、右ふくらはぎの上部でプチッと音がして激痛が走ったのです。ふくらはぎが痛くて歩けない。整形外科と整復院の診断はともに「肉離れ」。全治四週間などという。知人の外科医に電話で聞いても同じような答えでした。

しかし、二日後には舞台があります。四週間も待てません。

そこで、まずは「肉離れ」という診断名を無視することに決め、自分のからだに聞いてみた。詳しいことは省略しますが、まず塗り薬と飲み薬は使わないことにし、先生方からいわれたことも一応忘れることにしました。そして、自分のからだに尋ねつついろいろやって、結局は二日後の舞台を無事に勤めることができました。

整形外科と整復院の先生は私のふくらはぎの状況をみて「肉離れ」と診断しました。彼らの頭の中で、チェックリストがひとつひとつチェックされているさまが想像されます。それによってもっとも「正しい」と思われるネーミングをした。するとそれから先は私の足を見ることよりも「肉離れ」というネーミングに引きずられ、その結果を盲信し、「肉離れ」に対する治療だけが始められます。

いま目の前にある「その人の足」という個別的状況が忘れられてしまうのです。

これはお医者さんだけではありません。自分自身もそうです。自分のからだに尋ねるよりも、お医者さんや本にきく。自分の身体を他人に任せて、言いなりになってしまいます。

そして、こういうことに何の疑問も抱かないし、むしろそれが当然だというのが現代の人の感覚です。

しかし、これは日本人にとってはかなり新しい感覚なのです。

古い日本語の「からだ」というのは死体という意味でした。生きている身体は「み(身)」と呼ばれ、それは心と魂と一体のものでした。やがて、生きている身体が「からだ」と呼ばれるようになったことで、からだは自分自身から離れて対象化されるようになります。そうすると、自分自身との一体感が薄れるので、専門家である他人の手に委ねても平気なようになるのです。

それだけではありません。「からだ」の語源である「殻」のように、自分の周囲に強固な境界を設け、他人との壁を設けるようにもなります。

このような壁が強いと、能をはじめとする古典芸能のほとんどは演じることができません。古典芸能は、楽譜も曖昧なものだし、指揮者もいない。お互いの呼吸で合わせていきます。しかも、その場その場で。

ある能楽師が、若いころ生活が苦しいので企業に勤めたそうなのです。ところが毎日乗る満員電車。目の前に女の子の顔がある。化粧の匂いもする。それで何にも感じなくするためには、周囲を感じるという感覚をシャットアウトしなければなりません。他人がいても、いないがごとき精神状態が求められるのが満員電車での通勤です。

しかし、そんな生活を続けていたある日、舞台上で相手の呼吸や雰囲気を感じられなくなっていたことに気づいたそうなのです。それでは古典芸能はやっていけません。そこで彼は生活の苦しさは諦めて、会社を辞めることにしたそうなのです。

他人との境界が曖昧であれば、人の苦しみは我が苦しみであり、人の喜びは我が喜びとなります。

また、他人とだけでなく、自然との境界も曖昧になるので、自然とも共鳴ができます。『おくのほそ道』の本で、日光の杉並木から漏れてくる日の光に感動し、人生が変わったという人の話を書きました。私たちの周りには、私たちの生きかたすらも変えてしまうほどの自然や、そして人がたくさん存在しています。

現代は、それらに対して、あるいは目をつぶり、あるいは拒否し、いよいよ「孤」の道を歩んでいるように感じます。これはとてももったいないことだと思うのです。

このような現状は、明治の人たちが初めて目覚め、そして志向した「自我の確立」という方向の行き過ぎた結果なのかもしれません。

かつて中小企業診断士の資格を取るために勉強をしていたときの先生はアメリカの企業で働いていた方でした。先生は、ＰＬ法が日本に入ってくることによる影響をとても心配していました。PL法自体は悪法ではありません。しかしそれによって、他に対して懐疑的になり、より深刻な対立、屹立が生まれ、やがてクレーム社会が生まれるのではないかと危惧されていたのです。

そして、いままさにそうなっています。自分の主張は以前よりは通るようになりました。しかし、だからといって暮らしやすい社会になったかというと疑問です。多くの人が「自分が正しい」、「もっとこうしろ」と自己を主張するようになった社会を、より息苦しくなったと感じる人も多いのではないでしょうか。

本書は、日本人の身体観を振り返りつつ（といっても話は古代中国に行ったり、古代ギリシャに行ったり、古代メソポタミアに行ったりしますが）、私たちの根を問うことで、閉塞感を打開するような価値観を再発見するための端緒になればいいと思って書きました。

しかし、申し訳ないのですが本書には「結論」はありませんし、閉塞感を打破するための方策も書かれていません。なぜなら、それは個々人まったく別のものだからです。「すべての人に共通の『正しい結論』があるはずだ」というコンセプトとは別のアプローチで本書は書きました。それをご自身でお探しいただくためのマップのひとつが本書です。あとはご自身の足で歩く必要があります。

第1章

「身《み》」と「からだ」

翁

†欠落した身体

ラーメンを食べていたら、ぽろっと歯が取れた。舌で探ってみると左の奥歯。そのまま放ってもおけないのでティッシュペーパーに丁寧にくるんでラーメンを食べ続けました。奥歯が一本なくなると滑舌にちょっとした問題が生じて、舞台を勧める身としては困るので、舌の位置やら唇の動きをいろいろ試してみたら、まあまあの感じになったので事なきを得ました。

というような話を若者にしたら、驚かれました。

「そんなあ、歯医者さんに行かなくてもいいんですか」とか「他の歯や歯茎も調べた方がいいですよ」などといいます。

私は還暦も目の前の年齢。むかしならば老人と呼ばれるような年です。歯の一本や二本なくなるのは当たり前ですし、下手に歯医者にでも行こうものなら、他の歯まで「抜いた方がいい」などと言い出されかねない。放っておくにこしたことはない。

私の祖父もそうでしたが、ちょっと前までは、歯がほとんどないおじいさんはたくさんいました。入れ歯もせずに、そんな歯でも食べられるものだけを食べる。むろん粗食になります。そんな祖父が亡くなったのは九十歳も後半。医者にも行ったことがなく、最後に入院させられた病院では、自分で点滴を全部外して「うちで死ぬ」と帰って来てしまいました。

ちなみにこの祖父。八十歳までは毎日、一日一升の日本酒（それも二級酒）、そして死ぬまでヘビースモーカー。それでも最後まで自分で歩き、春歌を二十数番まで歌い踊るという豪傑。

身体は一カ所や二カ所、不調があるのが当たり前です。ある年齢になったら、その不調をなんとかしようというよりも、その不調を受け入れた身体でうまくやっていこうというのが昔の日本人。健全な肉体なんて求めない。

かつて、日本人は身体に対して、もっとおおらかな態度で臨んでいました。

能を大成した世阿弥は、年齢ごとの稽古と芸の変化を示した「年来稽古条々」（『風姿花伝』）の中で、五十歳以上のいきかたとして「しない（せぬ）」という芸を提唱しています。楽なところを控えめ、控えめにあしらうことによって、より美しい花を咲かせる。若者のマネをして無理をするのではなく、老齢の身体には老齢なりの花の咲かせ方があるのです。

からだが動かなくなっても平気。アンチ・エイジングなどという無理をせず、年齢に応じた花を追求する。それこそ、日本人の身体観だったのです。

†はだか

日本人のおおらかさを知るために、身体の、もっとも身体的なものとしての「はだか」を見てみましょう。

『聖書』と『古事記』とでは「はだか」の扱いがまるっきり違います。

『聖書（旧約聖書）』はご存知、アダムとイブのお話。『聖書』で裸は罪なのです。

「創世記」には、最初の人間としてアダムとイブが登場しますが、彼らこそ「裸」をはじめて知った人間です。

「食べてはいけない、触れてもいけない」と、神に禁じられていた、園の中央に生えている木の果実を食べてしまったアダムとイブは、その目が開け、そして自分たちが「裸」であることを知ります。

「裸であることを知る」というのは、ちょっと違和感のある言葉使いです。しかし、この「知る」という言葉が大事です。

「知る（ヘブライ語表記で יָדַע）」という行為は、『聖書』の中では神のわざです。「知る」が動詞として使われるのは「神のように善悪を知る」というような使われ方が『聖書』での初出です。

「知る」というのは、ただ単に何かを知ることではなく、善と悪とを知ることであり、これは本来、神だけに許された「神のみのみわざ」でした。アダムとイブの罪の第一は、「知る」という神の行為を手に入れてしまったことだったのです。

さて、善と悪とを知る木の実を食べ、最初に「知った」のが「自分が裸である」ということだったのがアダムとイブの悲劇。ただの「裸」なのに、「知ってしまった」がために裸は善であるか悪であるかの問題になってしまった。

彼らはいちじくの葉をつづり合わせて、腰を覆うものとします。そこに園の中を歩く神の音。彼らはその顔を避けて園の木の間に隠れます。

「どこにいるのか」という神の問いに、アダムは自分が裸だから隠れたと答える。

神は「お前が裸であることを誰が告げたのか。取って食べるなと命じた木から食べたのか」と問うと、アダムは女（イブ）から与えられて実を食べたといい、イブは蛇がだましたからだと答えます。

そこで神は蛇に呪いを、そして人間には生みの苦しみと労働のつらさと、そして死を与えて、代わりに皮の衣を作って着せた、と『聖書』は続きます。『聖書』の注釈書には「裸であることは人間の苦痛と辛さの発端である」と書いてあるものもあります。

すなわち『聖書』においては、裸とは我々が苦しむ原因、罪の一種なのです。

『聖書』では、このあとアダムとイブは園を追われることになるのですが、次に「人はその妻エバを知った」となります。「知る」という語は、現代でも「男を知る」というような使われ方をするのと同じく、性的な関係を持つ意味にも使われます。

善悪を知る神の行為としての「知る」は、やがて人のものとなり、そしてそれは性的な行為をも意味するようになります。

†『古事記』の中のはだか

さて『聖書』のはだかは罪でしたが、『古事記』の中のはだかは全く違います。『古事記』で、はだかというとすぐに思い出されるのが天岩戸《あまのいわと》の前でのアメノウズメの舞です。全裸ではありませんが、全裸以上に「はだか」が強調されています。

『古事記』の描写を見てみましょう。

「アメノウズメの命は、天の香山の天の日影蔓をたすきにかけて、天の真拆《まさき》を蔓《かずら》にして、天の香山の笹の葉をたばねて手に持ち、天の石屋戸に桶を伏せて、踏みとどろかせて神がかりをして……」と、まずは書かれます。

天の宇受売の命、天の香山の天の日影を手次に繫けて、天の真拆を蘰と為《し》て、天の香山の小竹葉を手草に結ひて、天の石屋戸にうけ伏せて、踏みとどろこし、神懸りして……

中村啓信訳注『新版　古事記　現代語訳付き』（角川ソフィア文庫）

彼女は、さまざまな植物で身を飾ります。これはアダムとイブがいちじくの葉をつづり合わせて、腰を覆うものとしたのに似ています。

ウズメが身につけた、この三種の植物、日影蔓、真拆《まさき》、笹の三種は古く神事に用いられた植物であり、神聖舞踊のときに身につける植物です。

そんな植物を身につけたアメノウズメは桶を踏み轟かしつつ「神がかり」をします。それはこれらの植物が聖なる植物であり、神がかりをするための呪飾であることを示します。

能の狂女も、笹を持って舞います。あれも神がかりをするためです。また、能舞台の背景には松の絵が描かれます。

植物は神を地上に招くためのアンテナの役割を果たします。ウズメは体中を、神を招来するためのアンテナにして舞うのです。

ですからウズメが身にまとう、さまざまな植物は、アダムとイブの植物とだいぶ違います。さらには、彼らの植物が裸を隠すためのものだったのに対して、ウズメは乳房を掻き出だし、さらには「ここに性器があるわよ」といわんばかりに強調するかのごとく、「裳《も》緒《ひも》をほと（女性性器）に忍し垂りき」とします。

はだか以上のはだかです。

そんなウズメの姿を見た神々の反応は、「共に咲ひき」です。

「咲」という字を本居宣長は「わらう」と読みます。「えむ」と読むべきだという人もいますが、意味としてはほとんど同じ。裸体を見て、神々は顔をしかめるどころか大笑いするのです。

ちなみに「咲」の字は、「口」を取って竹をつければ「笑」になりますが、実は「咲」という漢字そのものが、花が「咲く」ではなく「わらう」が本義なのです。

さらに「笑」という字の竹に注目すれば、笑うとは巫女が笹を持って舞い、神々を楽しませる意であり、「咲」の口に注目すれば、これは神がかりした巫女が神託を宣べている姿をあらわします。

『古事記』は稗田阿礼《ひえだのあれ》が伝えられてきた伝承を唱え、それを太安万侶《おおのやすまろ》が書写したといわれています。稗田阿礼が「わらう」か「えむ」と口誦したのを、太安万侶が漢字で書写するときに「咲」の字を選んだのは、やはりそこに呪術的な意味を付与したかったのかもしれません。

また柳田國男は、「わらう」は「割る」だといいます。天照大神が岩戸に隠れてにっちもさっちもいかなくなった膠着状態を「割る」のは笑うしかなく、それを引き起こしたのがウズメの裸体だったのです。

『古事記』のはだかは神々の笑いを誘うほどのおおらかなものであり、さらには解決不可能と思われた膠着状態を割る、すなわち解決するための聖なるものでもあったのです。『古事記』と『旧約聖書』の「はだか」の違いは、「はだか」という言葉の彼我の違いにも関係があるかも知れません。

聖書で裸をあらわす「マアル：מער」は、アッカド語や、それ以前のシュメール語では「男性性器」を表す言葉です。善悪を「知る」が、やがて性的な行為をも意味するようになったと書きましたが、ヘブライ語の裸にはもともと性器の意味があり、自然に性行為を思い起こさせる言葉だったのでしょう。

それに対して、日本語の「はだか」は「はだ」＋「あか」です。「あか」は赤でもあり「明」でもあります。公明正大なこころを「あかき清きこころ」というように、「あか」には「明るさ」や「清浄さ」のイメージがあります。日本語の「はだか」は、そのように明るく、清浄な、おおらかなイメージをもった言葉なのです。

†『古事記』の中の性的描写

明るく、清浄で、おおらかなのは裸だけではありません。『古事記』では、性そのものもおおらかです。エピソードをひとつ紹介しましょう。

初代天皇である神武天皇（神倭伊波礼毘古命）が正妃を求める際の話です。

神武天皇の臣下である大久米は神武に「神の御子と呼ばれる乙女がいますよ」と進言します。なぜ彼女が神の子であるのかというと、その乙女が人と神との子であり、さらにその出生が不思議だからなのです。

彼女の父は、美和の大物主の神です。

母の名は「せやだたら（勢夜陀多良）ひめ」。「たたら」という語がつくので、鍛冶師に関係する女性なのかもしれません。あるいは後出する娘の名前をあとで付けたのかも知れません。どちらにせよ、非常に麗美な女性であったらしい。

神は彼女を見初め「我が物にしたい」と思って早速行動に移すのですが、その方法がすごい。

まずはわが身を丹塗りの矢に変えます。赤い矢です。

そして、そのヒメがトイレに行くときを狙います。『古事記』では、「大便《くそ》まるとき」という表現を使う。何もそんなときを狙わなくてもと思うのですが、そこは神。われら凡人とは違う。

さて、赤い矢となった神様は、乙女が大便《くそ》まる溝より流れ下る。そして、その美人のホト（女陰）にぶすりと突き刺さるのです。

ヒメは驚いて立ち走り「いすすき」した、と『古事記』には書かれています。「いすすく」は現代語になおせば「驚き、慌てる」という意味ですが、語幹の「すす」は「為為」、すなわち「する、する」です。「驚き慌てる」と、「する、する」で何かめちゃくちゃ行動したみたいで可愛いのですが、やはりめちゃくちゃです。

彼女はそれから矢を持って床の近くに置きます。と、矢は忽然と麗しい男となり、契りを交わして生んだ子が、その乙女だというのです。

生まれた娘につけた名が、これまたすごい。

「ホト・タタラ・イススキ・ヨリ（富登・多多良・伊須須岐・余理）」姫という。

万葉仮名としての漢字ではなく、意味で漢字を当ててみます。

「女陰《ホト》・踏鞴《タタラ》・い為々《スス》き・依《ヨ》り・ヒメ」

と、こうなります。現代語にしてみると「女陰に・ぶすりと立てられ、足をバタバタし（「立てられ」と「踏鞴」が掛詞）・あれあれ走り回って・結局はその人に寄り添うた」人の娘という名になります。

なお「あれあれ走り回って」とした「いすすき」には、女性が性的に感じるという意味もあるらしいので、「感じてしまって、あれあれ走り回って」でもいいかも知れません。

どちらにしろすごい名です。こんな名をつけられたら今の子ならばトラウマになってしまうでしょうが、全然気にしないどころか彼女は初代天皇のお后さまになるのです。

これこそ日本人の性に対するおおらかさを示すエピソードであるといえるでしょう。

そして、この名前から考えれば『古事記』に載る後半の話、すなわち枕元の矢が男になった云々はどうも後付けで、「矢がぶすり」で生まれた子が彼女ということだということになるでしょう。

ちなみに、少し前の角川文庫版の『古事記』（武田祐吉訳）の現代語訳ではこの部分は、かなりはしょって訳されています。古代人にとってはおおらかな性の話も、現代人には刺激が強すぎるのかもしれません。

†天岩戸と聖婚

もう少し『古事記』の中のおおらかさを見てみましょう。

やはり岩戸の話です。岩戸に参集する神々の中にアマツマラ（天津麻羅）とイシコリドヒメ（伊斯許理度売）という二柱の神がいますが、この二柱の神は非常に性的な神であるということを三浦佑之氏が書かれています。

三浦佑之氏によれば、この二柱の名前には「男性の性器を女性が固くする」という意味が隠れているとのことなのです。

まずは男神であるアマツマラ（天津麻羅）のマラは、現代でも男根をあらわすように、この神の名を現代語にすれば「天なる男根の神」となります。

そして、この神とともに鏡を作る女神のイシコリドヒメ（伊斯許理度売）という名には「石のように凝り固める女神」という意味がある。すなわちイシコリドヒメというのは「アマツマラのマラ（男根）を固くする姫神」という名前なのです。

すごいでしょ。

そして、その男根を固くする女神と、固くされた男根を引っ提げた男神のふたりで作るのは「鏡」です。水鏡という語があるように、「鏡」は水の象徴であり、そして水はすなわち濡れそぼつ女性器の象徴でもあります。固くなった男性性器と濡れそぼった女性性器があるからこそ、アマテラスが再び顔を見せるという再生の秘蹟が起きたのです。

『古事記』をさらにさかのぼり、神々の聖婚のくだりを見てみましょう。

『聖書』における最初の結婚は、アダムとイブとの結婚でした。

『古事記』での最初の結婚はイザナギとイザナミの聖婚です。

ここで男神であるイザナギが女神イザナミにいう言葉は「知る」などという遠まわしな言い方をせず、とても直接的です。

まず、男神であるイザナギが相手に身体の成り立ちを尋ねると、女神イザナミは、「我が身は成り成りて成り合わざるところ」が一カ所あると応えます。それを受けて男神であるイザナギは「我が身は成り成りて成り余れるところ」が一カ所あるといい、「この吾が身の成り余れるところを以ちて、汝が身の成り合わざるところに刺し塞ぎて」国土を生もうと提案するのです。

「知る」などという抽象的な表現ではなく、「刺し」、そして「塞ぐ」という、なんとも丁寧な、そして直接的な言いようです。この「刺し」について本居宣長は「『刺』というのは挿入するということである。『塞ぐ』の接頭語のような軽い言葉ではない。ちゃんと挿入して塞ぐのだ」とわざわざ注をしています。

西郷信綱氏は、「はばかりなくあらわで端的な表現だ」とし、しかしこれは神話世界の特徴である肉体的（フィジカル）な発想なので、「こういった肉体的なものいいにこれからもなお次々と出くわすことになろう。それらに興がったり、眉をひそめたりせずに、その意味を読み取ってゆかねばならぬ」と書かれています。

現代の知識人が眉をひそめかねない肉体表現こそ、古代日本のおおらかさなのです。

†裸は恥ずかしい

このおおらかさは、なにも古代だけの話ではありません。明治期まで、いや土地によってはつい最近まで引き継がれていました。

私の実家は千葉県の東の端の銚子市の、さらに東端の小さな漁村ですが、子どものころは道路をパンツだけで歩いている大人をよく見かけました。海で泳ぐときも海水パンツなどははきません。昭和三、四十年ごろまでは、男はふんどしで泳いでいましたし、小さい子どもは男女ともに裸。

地方だけではありません。都市部でも、少し前までは電車の中で胸を出して赤ちゃんに授乳するお母さんはふつうにいましたし、おじさんたちは裸の上半身に猿股いっちょうという姿で巷を闊歩していました。

時代を少し遡ると、ビゴーの描く明治期の日本女性たちは、もっと大らかです。お風呂は混浴、海水浴も裸でしています。女性も庭で行水をしていますし、お風呂の帰りにも浴衣を引っかけただけで（すなわち帯をせずに前をはだけて）帰る女性も多かったといいます。

『裸はいつから恥ずかしくなったか』（新潮社）で、中野明氏は明治初年に明治政府が「混浴禁止」に関する布告を出したことを書かれています。

江戸時代にも、寛政の改革で「男女入込湯禁止令」は確かに出るのですが、それがどのくらい徹底していたのかは不明で、明治になるまでは公衆浴場は混浴が当然のようにされていたようなのです。それがこの布告によって、混浴は一応、全国的に禁止されます。しかし、その布告が明治十八年まで何度も何度も出されているところなどを見ると、やはり混浴の禁止ということは日本人の肌には合わず、なかなか浸透しなかったのでしょう。

私が子供のころ、昭和三十年代ですが、近くに温泉があり、両親とよく行きました。そこは入り口は別でしたが、中に入ると一緒。近所のおばさんやお姉さんと混浴でした。

混浴禁止令に続いて、明治四年にはさらに新しい禁止令、いわゆる「裸体禁止令」が出ます。が、これもあまり効果がなかったようです。

混浴禁止令にしろ裸体禁止令にしろ、それが出されたのは「外国人」に対して失礼であり、さらにそれが日本の恥辱になるからという理由が付されています。裸を恥とし、そしてそれを罪の発端とした「外国人」。そんな外国人から野蛮人と思われたくない、という政府が出した布告でした。

むろん、それですぐ恥ずかしくなったわけではなかったことは前述したとおり。中野明氏は、上半身の裸が恥ずかしくなったのは昭和三十年代以降、ブラジャーの普及が大きかったと言います。

胸の露出が恥ずかしいという考えがない限りブラジャーは売れないわけですから、確かに上半身の裸体も恥ずかしいと思ってもらわなければ困るわけです。ブラジャーを売るために、上半身の裸体を恥ずかしいものとし、電車の中での授乳も減っていくのですから、マーケティング、おそるべしです。

また、隠されることによって、ヌード写真やＡＶの需要もあがり、政府によって禁じられた裸体は、今度はマーケティングの対象として再登場するのです。

†混浴

かつての日本人は、混浴をしたり、裸で町を歩いたりしていたというと、「昔は健全な裸だったので、それを見てもいやらしい感情はわかなかったに違いない」という人がいますが、どうして、どうして、やはり異性の裸に対しては性的な欲望はしっかりと覚えていたようなのです。

ただ、『古事記』時代同様、性そのものに対するとらえ方が現代人とは違っていたようです。中野明氏も紹介する山東京伝画作の『艶本枕言葉』の中に江戸時代の公衆浴場の絵

京伝政演画作『艶本枕言葉』花咲一男解説 大平書屋刊 より

があります。

この絵の詞書を読んでみるとすごい。

まず右下でイチャついている男女ですが、右の男性の言葉。

「ちっと入れてみよう」

などと言っています。しかし、これは恋人同士が公衆浴場でセックスをしているのではありません。女性の言葉を読んでみます。

「いつも今ごろ来れば、ちょうど会うわな」

おお、この二人はこの浴場のみでの関係だったのです。

また、左では湯船から出ようとする女性の性器を男が触っています。

「人のぼぼ（性器）へ手を付けやがって、これ、外へ出ろ！」と女は啖呵を切ります。さだめし奉行所へでも差し出されるかと思いきや、続く言葉がすごい。

「外へ出ろ、させようから（させてやるから）。よくよく飢えた野郎だな」といいます。

で、その横では糠袋をくわえた女性が、そんな騒ぎは全く気にせず「はい、ごめんなさいまし」と入ってくるし、その横で体を洗う男は「こんなに女に入ってこられちゃマラ（男性器）が大変だ」とぼやくし、その下の男は浄瑠璃を唸っています。横の男は「騒々しいのは湯がぬるいからだ、もっと湯を足せ」と壁をたたく。

なんともめちゃくちゃな光景です。『艶本枕言葉』ですから、むろん誇張もあるかも知れませんが、少なくとも江戸時代までは性に関しては、現代よりももっとおおらかだったようです。これが都市部を離れると江戸時代どころの話ではなくなってきます。

赤松啓介氏は、夜這いの習俗について書かれていますが、私自身の経験でもさまざまなところを公演で訪れた後の宴会などで、「数年前までは、夜這いなんか当たり前だった」という話をよく聞きます。

また、同年齢の知人があるところに高校教諭として赴任したときに、保護者から「うちの娘に夜這いが来ないがどうしたらいいか」と相談され、なんなら夜這いに来てくれないかと頼まれて弱ったと言っていました。

†身とからだ

裸体に対する感覚の違いが、西洋と東洋の違いである、などという単純な問題ではないことはわかっていますが、しかし本書では話を単純化するために、比喩として「西洋」と「東洋」という〈ものいい〉をすることにします。というわけで以下、カッコ付きの「西洋」と「東洋」は比喩としての西洋と東洋です。

さて、「西洋」と日本の古典を比べてみると、はだか以前に身体についての言葉の使い方が違います。

古くは、日本には「からだ」という言葉がありませんでした。あったのは「み（身）」です。

身《み》は「実」と同源の言葉で、中身のつまった身体をいいます。その中身とは命や魂ですが、「身」という言葉しかなかった時代には「魂」という言葉もありませんでした。

「身」とは身体と魂、体と心が未分化の時代の統一体としての身体をいいます。

ちなみに後の時代になって生まれてくる「からだ」という言葉は、もぬけの殻や、空っぽの「から」が語源ではないかといわれていますが、魂の抜けた殻としての「死体」という意味が最初でした。そして「からだ」という語がない時代には「魂」という言葉もなく、『古事記』の中に「たま」という語は出てきますが、そのほとんどが勾玉をあらわす「たま」です。

ところが「西洋」の古典を読むと、神話ができた頃には、すでに心身は分離していたようです。

紀元前八世紀半ばごろの作品といわれるホメーロスの『イーリアス』には次のような文章があります。

怒りを歌え、女神よ……あまたの勇士らの猛き魂を冥府《アイデス》の王に投げ与え、その亡骸《なきがら》は群がる野犬野鳥の啖《くら》うにまかせたかの呪うべき怒りを。

（『イーリアス』岩波文庫　呉茂一訳）

勇士の「魂」は冥府の王のもとに行くのですが、その「亡骸」は地上にあって野犬野鳥に食われると歌われます。こんな古い叙事詩で、すでに「魂」と身体である「亡骸」が分離しています。

「魂」の古典ギリシャ語はプネウマ（πνεῦμα）で、「亡骸」と訳されている部分は「彼ら自身（アウトス：αὐτός）」ですが、からだをあらわす古典ギリシャ語、ソーマ（σῶμα）も『イーリアス』の中では「死体」という意味で使われています。

日本語の「身」は心身未分化の統一体として身体で、それに対してギリシャの身体は殻としての「からだ」と「こころ（魂）」とが別れていましたが、この中間にあるのが『旧約聖書』の身体、ヘブライの身体です。

日本語訳（新共同訳）の『旧約聖書』で「体」や「肉」と訳されているヘブライ語の「バーサール（בָּשָׂר）」は、「命の霊をもつ肉（創世記7章15節）」と書かれるように、その中に「命の霊」を有する身体で、日本の「身」に近いものです。

しかし「わたしの霊は人の中に永久にとどまるべきではない。人は肉にすぎないのだから（創世記6章3節）」といわれるように、この「命の霊」は神に所属するものであり、「バーサール」は、それが抜けてしまう可能性のある存在でもあるということです。バーサールは統一体でありながら、しかしそのコントロール権は神に属していて、人間としては何もできないのです。

†運動は伝染病？

日本でも、時代が下ると心身は分かれて「からだ」という言葉が使われるようになります。

江戸時代の初期に書かれた『日葡辞書』では「からだ」の定義を次のようにしています。

「死体。時には生きた身体の意にも用いられる。卑語」

江戸時代初期のころまでの「からだ」の基本イメージは死体でした。すなわち心魂が抜けた状態のモノとしての身体です。

いまと同様に「生きている身体」という意味で使われてはいましたが「卑語」とあるように俗語的に使われていたようです。

しかし、明治以降に西洋文化が大量に入ってくるようになると、心身二元論が優勢になり、「身」は「からだ」と「こころ」に別れてしまい、身体は「からだ」に属するようになります。

「身」が「からだ（殻＝死体）」に取って代わられるようになると、身体をモノとして扱うようになります。身体の客体化です。

そして「からだを鍛える」というような、突拍子もない考えが生まれます。「鍛える」というのは、「きた（段）」を何度も作る、すなわち金属を鍛錬するために何度も打つというのが本来の意味で、身体をそのように扱うのは「からだ」を自分自身から離したとき、すなわち外在化・客体化してはじめて可能になります。自分自身と身体が一体だったときには、そのようなことは思いもよらなかったでしょう。

体を鍛えるためのエクササイズなどは、少なくとも江戸時代にはなく、夏目漱石は『吾輩は猫である』の中で当時はやりつつあった「運動（エクササイズ）」を猫にさせて笑っています。

吾輩は近頃運動を始めた。猫の癖に運動なんて利いた風だと一概に冷罵し去る手合にちょっと申し聞けるが、そう云う人間だってつい近年までは運動の何者たるを解せずに、食って寝るのを天職のように心得ていたではないか。無事是貴人とか称えて、懐手をして座布団から腐れかかった尻を離さざるをもって旦那の名誉と脂下って暮したのは覚えているはずだ。運動をしろの、牛乳を飲めの冷水を浴びろの、海の中へ飛び込めの、夏になったら山の中へ籠って当分霞を食えのとくだらぬ注文を連発するようになったのは、西洋から神国へ伝染した輓近の病気で、やはりペスト、肺病、神経衰弱の一族と心得ていいくらいだ。

（夏目漱石『吾輩は猫である』岩波文庫）

漱石は猫に、「運動」を西洋から神国への伝染病の一種だとまで言わしめています。さらに猫はいいます。

どうも二十世紀の今日運動せんのはいかにも貧民のようで人聞きがわるい。運動をせんと、運動せんのではない。運動が出来んのである、運動をする時間がないのである、余裕がないのだと鑑定される。昔は運動したものが折助と笑われたごとく、今では運動をせぬ者が下等と見做されている。吾人の評価は時と場合に応じ吾輩の眼玉のごとく変化する。吾輩の眼玉はただ小さくなったり大きくなったりするばかりだが、人間の品隲とくると真逆かさまにひっくり返る。ひっくり返っても差し支えはない。

物には両面がある、両端がある。両端を叩いて黒白の変化を同一物の上に起こすところが人間の融通のきくところである。方寸を逆かさまにして見ると寸方となるところに愛嬌がある。天の橋立を股倉から覗いて見るとまた格別な趣が出る。セクスピヤも千古万古セクスピヤではつまらない。偶には股倉からハムレットを見て、君こりゃ駄目だよくらいに云う者がないと、文界も進歩しないだろう。だから運動をわるく云った連中が急に運動がしたくなって、女までがラケットを持って往来をあるき廻ったって一向不思議はない。ただ猫が運動するのを利いた風だなどと笑いさえしなければよい。

それまでは運動をしていたような人は「折助《おりすけ》（＝奴）」と蔑まれていたのに、急にみなが運動をし始める。

「吾人の評価は時と場合に応じ吾輩の眼玉のごとく変化する」と、ころころ変化する人間批評まで猫に語らしめているのである。

漱石の時代は、日本人の身体観が「身」から「からだ」に取って変わられようとする時代だったようで、いま、私たちが慣れ親しんでいる身体論は、この時代（明治）以降に、あるいは戦後に、アメリカを中心とした西洋から入ってきたものが中心であり、日本古来の身体論とはその趣きをかなり異にします。

†「からだ」と「こころ」が生まれる瞬間

現代人である私たちは「からだ」としての身体に慣れてしまっていて、心身未分化の状態には戻ることは難しいのですが、しかし私たちも子どものときには「からだ」などは意識しない心身未分化の状態にいます。

疲れも知らず走り回り、ご飯を口に入れたままでもガッと眠ってしまいます。

しかし「そんなに走り回っていると疲れてしまうよ」と繰り返しいわれる大人の言葉に、「そうか、走るということは疲れるということなのか」ということを徐々に覚えるようになり、やがて自分をいたわるようになる。

「からだ」が自分から離れていき、からだを客体化していきます。

「からだ」を意識していない子どもは「こころ」も意識していません。さっきまで大声で泣いていた子どもが、楽しいことが出現するとすぐにゲラゲラ笑う。意思の連続性などというものは幻想です。

感情の英語、エモーション（emotion）は「外（e=ex）」と「持ち出す（motion）」からなり、「心を体の外に持ち出す」という意味が語源であるといわれています。心が外に飛び出したのが感情なのです。そして、それは「モーション（motion）」ですから、動き続けること、すなわち持続しないのが本来の姿です。さっきまで泣いていた子どもがすぐ笑うのはエモーションとしての感情の正しい姿なのです。

しかし、「いま泣いたカラスがすぐ笑ろた」などとからかわれ、やがて意思や感情は連続、統一しなくてはならないんだと思い出し、「こころ」も外在化・客体化させていきます。

確かにご飯の途中で眠ったり、みんなが悲しんでいるときにけらけら笑っていては、社会生活を送るのに支障があります。

そこで成長の過程で、こころもからだも外在化させ客体化させることが求められます。

私事で恐縮ですが、娘が保育園に通っていたときに、保母さんに今朝の娘の状態をお知らせするための手帳がありました。それに娘がはじめて「影」を意識したときのことを書きました。

冬の日差しに長くなった影を見つけた娘は、それを一生懸命に引き剝がそうとしていたのです。そのときの「あれ、あれ」という顔がおかしく、大人たちは笑っていましたが、本人はいたって真剣。なかなか剝がれない影にやがて泣き出しました。

ディズニーのアニメ映画『ピーターパン』に同じシーンがありました。あれはディズニーが子どもを観察した結果だったのでしょう。

娘は、それから鏡に対してそれまで以上の興味を持ち出したのです。その理由を説明することはまだ抽象的な言葉をしゃべれるような年ではなかったので、その理由を説明することはありませんでしたが、このときが「自分というものが自分の外にもいる」と彼女が気づいた瞬間ではなかったでしょうか。「からだ」が生まれた瞬間です。

私自身もこの年代（保育園のとき）に大きな体験をしたことを覚えています。

それまでの記憶がごっそりなくなるという体験をしました。そして、そのことをとても鮮明に覚えています。正確にいえば、そのときに「このことだけを覚えておこう」と決め、それ以来、何度も思い出して、その記憶を保っています。

どんな記憶がなくなったのかは残念ながらまったく覚えていません。ただ、大きな耳垢が取れるように、記憶の塊がごっそりなくなる日があったのです。正確にいえば「日」ではありません。その数日前から、今までの記憶がなくなるという予感がありました。そして、それを止めることもできないだろうということもわかっていました。

記憶がちょうど失われていく日に、それまでの記憶に「ああ」と手を差し伸べたような記憶もあります。

その日から悲しみを覚えたのかも知れません。おそらく、それが自分にとっての「こころ」が生まれた日です。

†からだとこころの輪郭

人は「からだ」も「こころ」も持った存在であるとはいえ、しかし普段は「からだ」も「こころ」も意識をしていません。

歩いているときに、「まず左足を出し、次に右を出し、それから次はえっとどっちだっけ?」なんてなる人はほとんどいません。また熟練したピアニストは、曲を弾いているときに次にどの指を動かそうなどと考えることはありません。

しかし、舞台や人前で何かをした経験のある方ならばおわかりになると思うのですが、どんなに慣れた作品でも、ふと間違えてしまうということがあります。

たとえば自分自身でいえば能『羽衣』。これは能の中でも上演頻度の高い演目で、もう百回以上も演じていて、半分眠っていても謡(セリフ)は出てきます。が、舞台の上で「はっ」となり、「あれ、次のセリフ、本当にこれでよかったんだろうか」と思った瞬間に間違えたりします。

セリフだけではありません。動きもそうです。体に沁み込むほど師匠から叩き込まれた動きでも、ふと「これでよかったんだろうか」と思った瞬間に間違えるのです。

何かを思った瞬間に「からだ」や「こころ」が意識されてしまいます。大事な時に意識してしまって大失敗します。

頭のいい人ほど、試験で充分な能力が出ないといわれていますし、運動能力の高い人ほど大事な試合でなんでもない失敗をする。ふだんの生活では夜もぐっすり眠れるのに、明日は大事な試験や試合だと思うと、どきどきして眠れなくなったりする。

なんとも困ったものです。「からだ」や「こころ」なんて意識しなければいいのにと思ってしまいます。

しかし、考えてみれば、これもそう悪くはありません。「こころ」を意識するときというのは、本番や大変なとき、危機的状況にあるときです。「からだ」を意識するのは、病気になったり、怪我をしたときです。

そして、このときこそ私たちは自分の「こころ」や「からだ」の輪郭を意識することができます。不調は輪郭を作る。

それはそれで大切なことなのですが、この話はまたいつかということで、もう少し心身を意識していない状態の話を続けましょう。

†至人までの道

心身を意識することの反対は「火事場の馬鹿力」。無意識で行えば、ふだん以上の力を発揮することができます。

心身を意識していない状態は、いわゆる「無我」「無心」と呼ばれ、芸道や武道をはじめ、あらゆる技芸に携わる人のひとつの目標になっています。

中国の古典『荘子』には、そのような人々が「至人」として多く登場します。

たとえば料理人である包丁《ほうてい》の牛を解体するさまが『荘子』に載っています。

彼は包丁《ほうちょう》の語源ともなる料理の名人ですが、その神技で牛を捌いていきます。彼が牛を捌くさまは、伝説の舞「桑林《そうりん》の舞」のごとくであり、牛が裂かれていくときに発する音はまさに音楽で、伝説の曲「経首《けいしゅ》の会」にも似ていたとか。

しかも包丁の使う牛刀（これぞ包丁）は、すでに三、四千頭の牛を解体し、十九年も使っているのに、いまちょうど砥石からあげたかのようにピカピカ。くもりひとつない。

それはなぜかというと、筋繊維と筋繊維との隙間に薄い刃を入れるからで、どこにも触れずに牛刀を進ませるから。だから新品そのものだというのです。

そのとき、包丁は眼で牛を見ていない。

五感や、それによって引き起こされる意識は動きをやめ、ただ「自分も知らない精気の霊妙な働き（神欲）」によって牛の解剖がなされていくのです。

このような至人が『荘子』の中には何人も描かれているのです。

そして、このような域に達する手段として『荘子』には三つの方法が示されています。

ひとつは修練によって「技を磨く」という方法です。

『荘子』には、孔子が出会ったという蟬取りの名人の話が出ています。彼は竿を操るせむしの老人で、その竿を使って、まるでものを拾うかのように易々と蟬を捕ってしまいます。

孔子がその方法を尋ねると老人は、この境地に至るための三段階の訓練方法を教えてくれます。

まず竿の先に丸い玉をふたつ重ねておく。そして、どんなに竿を動かしても、その玉が落ちないようにする。これができるようになると、蟬を捕り逃がすことは少なくなる。

次に重ねる玉を三つにする。これでも落とすことがなくなれば蟬を捕り逃がすことは十回に一回になり、玉を五にしてもそれができれば蟬をやすやすと捕ることができると。

さらに捕獲時の心身についても説明がされています。

まず切り株のように小さく屈まってうずくまり、竿を持った肘は枯れ枝のように、さまざまな変化する万物にも心を移さないようにするそうなのです。

「なるほど」とは思うのですが、これはかなり難しい。

†「忘」という法

荘子が提唱するもうひとつの方法は精神を鍛錬する方法です。禅やヨーガにも通じる方法です。

ここで『荘子』は、ひとつのキーワードを提示します。「忘」、忘れる、です。

孔子の高弟、顔淵《がんえん》がある日、大河を渡ったとき、その船頭の操船テクニックが抜群だったので、顔淵は船頭に「そんな神技のような操船テクニックを学ぶことは可能ですか」と尋ねます。すると、船頭は「できるよ」と答える。

「泳ぎが上手な者ならば可能だし、海人《あま》のような潜りが得意な者ならば、船など見たことがなくても簡単にできる」と答えるのです。

その意味がよくわからないまま帰った顔淵は孔子に船頭の言ったことの意味を尋ねます。すると、孔子は「泳ぎの上手な人は、水を忘れているからだ」と顔淵に教えるのです。

「水というものを完全に忘れている海人ならば、深い水も陸のように思い、船がひっくり返っても、車がバックしているくらいにしか考えないからだ」

そして、孔子は違うたとえを出して、「忘」ということの意味をさらに説明します。

ものを投げる遊びでも、瓦のようなつまらないものを賭けて行えば当たるのに、高価な黄金を賭けると急に当たらなくなる。「惜しむ」という心が生じることによって、本来は自分の内側にあった心身が「外」になるからだ、というのです。

水もぐりの名人が水を忘れるように、黄金など忘れてしまえば、「外」に出てきてしまった心身はもとの通りに「内」に戻る。そうなれば、そのひと本来の力を発揮することができるというのです。

私たちはふだん歩いているとき、次にどちらの足を出そうかなどとは考えていないし、うまく歩こうなどとも考えてはいません。普段の歩行で心身を意識することはない。孔子のいう「内」にあるときであり、心身と自身が一致しているとき、今までの話でいえば心身未分化の「身」のときです。

「うまくやろう」とか「もうけてやろう」などという意思が働いていない「忘」のときであり、孔子（本当は荘子）は「内」の状態と名づけました。

ところが賭けの対象が瓦から黄金に変わると、突然、こころもからだも意識されてしまう。未分化だった「身」から心身が分離して、意識の「対象」となる。孔子（荘子）は、これを「外」になった状態といいます。

こころやからだを客観視したとき、それは内なる「身」が外なる「からだ」と「こころ」に分離した瞬間なのです。

人から見られていると思うと、歩行ですら急にぎこちなくなります。大事な舞台に臨むと、人からどう見られるのかが気になりだします。

すべて「忘」から離れた状態、「外」なる状態になるからなのです。

†「酔う」という法

しかし、「忘」も難しい。そう簡単に高価な黄金のことを忘れるなんてことはできない。

そこで、荘子はもうひとつの方法を紹介します。無我にいたる第三の方法を説明するのは、今度は関尹《かんいん》という人物。『荘子』の中では、老子とともに「真人」と称される人物です。至人よりも、さらに上位の人物です。

老子や荘子とも関係の深い列子が、真人である関尹に質問をします。

「至人は水中に潜ってもおぼれることがなく、火の上を歩いても焼かれることがなく、高い山の頂上にある絶壁を歩いても足が震えることがない、と聞いています。どうしてこのような境地に達することができるのでしょう」

関尹はこたえます。

「それは至人は純粋な神気（純気）を守っているからだ」と。

そして、「形」・「物」・「色」などの哲学的な話になるのですが、その時に出す具体例が哲学とは一見なんの関係もない、「酔っ払っちゃおう」という、なんともお気楽な方法なのです。

これが第三の方法です。

関尹はいいます。

「酔っ払っている人は、疾走する車から落ちても死なない。それは酔っ払うことによって神気が完全になっているからだ。彼は車に乗ったことも知らず、自分が落ちたことも知らない。生き死にや恐怖などが意識されることがない。酔っ払いは酒のおかげで無心になり、神気を完全に保ったのである」と。

車に乗ったことも、落ちたことも知らない。まさに「忘」です。生き死にや恐怖もない。心が客観化されることがないのです。

酒に酔えば、恥も外聞もどうでもよくなる。まさに「外」の聞こえなど関係なくなる。そのとき「忘」、まさに忘我の境地になる。

真人である関尹は、そういうのです。

†「楽」をもって「忘」に至る

とはいえ、いつも酔っているわけにはいきません。だからといって蟬取りの名人のような修行もちょっと無理そう。

そこで、もう少し「忘」について考えてみたいと思います。

実は私たちは、ほとんどの時間、いろいろなことを忘れています。

昔、ある男が遠く離れていた女性に「いつもお前のことを思い出していたよ」と言ったら、女性が次のような歌を詠みます。

思ひ出すとは忘るるか　思ひ出さずや忘れねば（『閑吟集』）

「思い出す」というのは、忘れていたときがあったということだろう、というのです。いっときでも忘れなければ「思い出す」なんてこともないはずだ、と。

確かにそりゃあそうですが、男にしてみればとんだ言いがかりです。いっときも忘れないなんてことはできません。

「忘れる」という言葉は「失せる」や「褪せる」と同源の言葉で、時間が経てばどんなに強い思い出も徐々に褪せて、記憶が失せるのは当たり前なのです。

私たちの記憶は、その自然の働きとして、褪せて、忘れて、失せるようにできているのです。

最初に歩行を覚えたときの、あのぎこちない体験も私たちは忘れています。ところが、誰かに見られていると意識した瞬間に、その褪せた記憶が突然あたまを持ち上げて、自分でも意識をしていないのに、まるで幼児のようにぎこちない歩き方になってしまいます。

私たちが本来もっている「忘」というすばらしい能力は、何かを意識した瞬間（荘子のいう「外」の状態になった瞬間）に消え失せて、それまでフタをしていた記憶が湧き出してくるのです。

では、私たちはもう、あの子どものころのような「からだ」も「こころ」も忘れた無我の境地に戻ることはできないのでしょうか。あるいは、その境地を得るためには、やはりとても耐えることができないほどの厳しい修行が必要なのでしょうか。

それで考えてみたいのは、漢字の「忘」という文字です。

「忘」を大切にするのは荘子だけではありません。『論語』にも「忘」は出てきます。葉公が、孔子の弟子である子路《しろ》に「孔子とはどのような人物か」と尋ねます。しかし、子路はこたえることができませんでした。後日、それを聞いた孔子が子路にいいます。

「お前はなぜ、『その人となりや、憤を発して（発憤）食を忘れ、楽を以て憂を忘れ、老の将に至らんとするを知らざるなり』とこたえなかったのか」と。

孔子は発憤すると食事も忘れ、そして楽（音楽）をしていると憂いも忘れてしまうというのです。

思わず食を忘れて何かに熱中するということは経験した方も多いでしょう。

しかし、孔子のいう「憤」は、ただ怒ることではありません。

孔子が弟子を教えるときの方法は「憤せずんば啓せず」でした。「憤」とは、内側から何かがふつふつと湧き上がってくる状態。噴火の「噴」と同じような状態です。弟子が、そういう状態にならなければ、啓発を与えない、それが孔子の教育でした。

孔子の「発憤」もこれです。内側から何か湧き上がってくる。そうなったら、もう食事も忘れてしまうというのです。

しかも、この湧き上がってくるものは、ただの感情や欲求ではありません。それは、この文と対句になっている、次の「楽」が教えてくれます。

「楽（音楽）」は、ただの音楽ではありません。

「楽（）」という漢字は、木の上に太鼓を掲げた字形ですが、この太鼓を表す「白」という漢字は人の頭蓋骨です。木の上に掲げられたのは、あるいは敵の王の頭蓋骨であり、あるいは英雄の頭蓋骨です。あるいは祖先の頭蓋骨を掲げたこともあったでしょう。

その頭蓋骨に張られるのは、むろん人の皮です。西部劇などで「頭の皮を剝ぐ」などとよく言われましたが、それもこのような楽器を作るためではなかったのかと想像したりします。

木の上には人骨、人皮による太鼓が掲げられているのです。

そのような英雄の頭蓋骨の太鼓を打つことによって、英雄の霊を招く、それが古代の「楽」でした。そのような古人の霊と交わることによって、個人を超えたより大きな存在とつながる、それが古代の「楽」であり、孔子はそのような「楽」を、自身の教育体系の最高峰に置いていました。

孔子が「詩に興り、礼に立ち、楽に成る」というように、詩を学び、礼を学んだ人が、最後に学ぶのがこの「楽」だったのです。

「楽」が霊を招く行為だとすると、「発憤」の「憤」で湧き上がってくるものも、孔子自身の感情や欲求ではなく、その人自身の中から出てくる、より大きな存在との一体感であろうと思われます。

そうなったとき、食事どころか、あらゆる憂いも消滅してしまう、孔子はそういうのです。

†「降りてくる」瞬間

ひとつ、孔子と楽とのエピソードを紹介しましょう。『史記』の「孔子世家」に載っている話です。

ある日、孔子は襄子《じょうし》という楽師から琴を学んでいました。

琴を学び始めて十日目。師匠である襄子は「もう充分なので次の曲にしたらどうか」と孔子に告げます。しかし、孔子は「曲は習いましたが、まだその『数（数理）』を得ていません。もうしばらく稽古を続けさせてください」と言い、稽古を続けます。

またしばらくして師匠は「もう『数（数理）』は充分だ。次に進んだらどうか」とすすめるのですが、孔子はまたもや「『数』は得ることができましたが、その『志』をまだ得ていません」と応えて稽古をやめません。

「志（）」とは「神霊の足」がもとの形で、異界に赴くことをいう漢字です。曲は弾ける、数理もわかった。しかし、まだ神霊を招くことできない。こう孔子はいったのです。音楽はできたが、「楽」はまだだというのです。

さらに稽古を続けてしばらくすると師匠はまたいいます。

「もう『志』も充分ではないか」

孔子は応えます。

「琴によって神霊も招けるようになりました。しかし、まだ『其の人』を得ていません」と。

神霊は招けた。しかし、この琴の曲によって招くべき「その人」が、まだ招けていない。そういい、孔子は稽古を続けるのです。

すると、ある日のこと。師匠である襄子の見ている前で、琴を弾く孔子の顔がみるみる変容していきます。

師である襄子は驚きました。

その顔は世の常の人の顔ではない。深く思慮する静謐に包まれながら、しかも安らかな悦びの表情を湛え、人智を超える高い望みと、そして遥けき遠い志とを兼ね備えた顔へと変わって行ったのです。

孔子は、はじめて満足したようにいいます。

「やっと『その人』が降りて来ました。その顔は黯然として黒く、幾然として長く、眼は遠くを望み見るよう、そして中国全土に王たるその姿は周の文王以外には考えられません。この曲を作られたのは文王です」と。

師匠である襄子は席を降り、孔子を再拝して言います。

「確かにこれは文王が作られた楽曲であると、私は師から伝えられました」と。

孔子は、琴を弾くことによって、文王その人を感じ、そして文王その人に変容したのです。

これこそが内側から沸き起こるもの「憤」です。

孔子一門は「儒」と呼ばれますが、人偏を取った「需」という文字は「雨」と「而（巫祝の姿)」で雨乞いの呪術師をいいます。孔子一門にとっては巫祝のわざというのは、とても大切でした。

神霊との交流をする、そんな「巫《かんなぎ》」には大別すると二種のものがあります。ひとつは外の神霊が巫の身体に憑くもので、これを「憑依」型といいます。もうひとつは巫の魂が身体を離脱して神霊と交信するもので、これを「脱魂」型といいます。

『論語』の巻頭の「学んで時にこれを習う」は、礼楽の学びであり、神霊との交信を学ぶことをいうと思われます。そして、神霊との交信が成就したさまが次の「また説(悦)ばしからずや」なのですが、この「説(悦)」は孔子の時代には偏のない形で、「兌」とのみ書かれていました。

そして、この「兌」の古代文字は、巫の体から霊魂が離脱する「脱魂」の状態を表す字なのです。

内になる霊性が外に現われる「兌」、これこそ孔子のいう「憤」なのであり、こういう

状態になったとき「忘」が実現されるのです。

聞こえない声を聴く

さて、この「忘」という漢字も、実は孔子や荘子の時代には存在しない漢字です。当時、「忘」という意味で使われていたのが「望（）」という文字です。

孔子の内側から現われた文王の描写である「眼は遠くを望み見るよう」は、原文では「眼如望羊」と書かれています。これは「眼は羊を望むが如く」とも読めます。周の始祖が羊をトーテムとして戴く部族であることを考えると、孔子の眼は、遠くに羊の群れを望む羊飼いとしての若き文王の眼となって周成立以前の大草原を眺めていたのかもしれません。

そして、この「望」という漢字は、ただ遠くを望むだけではない文字なのです。「望」の古代文字を見てみると、「亡」のところが「臣（大きな目）」になっています。「臣（大きな目）」というのは、見えないものを見ることができる目を持った人です。かつて中国で大臣になるには『易経』の知識と、そして易が当たることが必須でした。普通の人には見えない未来を見る能力をもった人、それが「臣」です。

その大きな目の人が高いところに上って遠望しているさまが「望」です。

孔子が一体化した文王が望んでいたのも、距離としての遠くではなく、遠い未来や遠い過去であったのかも知れません。

そして「望」の古い形には「月」はありません。この月のない「望」の「臣（大きな目）」を「耳」に変えた字があります。

〈甲骨文字〉

〈金文〉

大きな耳の人が高いところに立っている姿です。この「耳」も、普通の人が聞こえない声を聞く能力を持っている人です。

この漢字は、いまの漢字では「聖」になります。

「聖」とは、すなわち望と同じく、聞こえない声を聞くという意味なのです。

✝死者の声を聴く

聞こえない声を聞き、見えないものを見る。

これは古代中国の「楽」がそうであるように、死者や神の声を聞くことでもあります。祖先の霊や自然の精霊のような、いま見える形、聞こえる音としては存在しない「存在」と交信することです。

死者や精霊との対話だなんて、そんなことを現代でいえば、ちょっとおかしな人か、冗談でも言っているんじゃないかと思われます。しかし、日本人の死者との付き合い方というのは、つい最近まで、まるで生者に対するかと思われるほど懇ろでした。

私がしている能という芸能は、死者の声を聞く芸能です。

能の主人公（シテ）の多くが、幽霊や精霊、あるいは神などのこの世ならざる存在なのです。その幽霊と出会う人間（ワキ）との物語が能、特に夢幻能と呼ばれている能なのです。

幽霊が登場する演劇は世界中にも多くあります。『ハムレット』にも登場しますし、『マクベス』にも登場します。しかし幽霊そのものが主人公という演劇は、あまりその類を見ません。

何らかの思いを残してこの世を去った死者に、再びこの世に登場してもらい、生前言えなかったこと、できなかったことを、いまここで言ってもらったり、やってもらったりする。そしてそれによって思いが晴れたら、ふたたびあの世にお帰りいただく。

むろん、一回思いが晴れればいいというものではありません。これから先も、この世に出現したいときには何度でも出てきていただき、そして思いを晴らしていただく、そういうことを保障する芸能が能なのです。

だいたい何らかの思いを残さず亡くなる方なんて、そうそういません。多くの人が、この世に残した人、残してきたものに未練があります。成仏なんてそう簡単にはできない。その未練を少しでも晴らしたい。伝え切れなかったことを伝えたい。死者というものは、それを願っているし、それを引き受けるのが生きている者の役目である。そう日本人は考えてきました。

そして、そんな芸能である能が六五〇年以上も続いている日本という国。日本は、死者との関係をとても大切にする国なのです。

†長い時間の流れに身を置く

死者との交流といえば「お盆」があります。

お盆は中国から日本に伝わってきたといわれていますが、その伝播の途中で大きな変化がありました。中国のお盆と日本のお盆との間には、大きな違いがあるのです。

中国のお盆は、祖先の霊を祀る祭礼です。これは日本も同じです。しかし日本のお盆は、ただ死者を祀るだけではなく、死者を招く祭りなのです。

死者の霊、祖霊を、いま、ここにお呼びし、そして数日のあいだともに過ごす。祖霊がいるかのようにふるまうのではなく、本当に死者とともに食事をし、ともに会話をし、ともに時間を過します。

そうした時間をすごしているうちに、「自分も死んだら、またこのように迎えられ、ともに過すことができるんだなあ」ということを実感する。その安心感の中で、ゆったりといまの生を送ることができるのです。

お盆だけではありません。普段の生活でも死者を意識します。「そんなことをしたら死んだおじいちゃんに恥ずかしいよ」といわれ、死者との関係の中で日常を過すのです。

自分の生を、ただ自分の一生の中だけでなく、長い時間の中の「いま」として位置づける。しかも、それによって無常を感じたり、刹那的になったりするのではなく、むしろだからこそゆったり安心する日々をすごします。

「お道具」と呼ばれる能の楽器は、何百年も使われます。現代の人が手にしているお道具(楽器)は、その数百年の流れの中の、ほんの一瞬の存在なのです。

たとえば古い笛を手にする。すると、それを使った数百年前の人の息がそこに宿るのを感じます。最初に使った人だけではありません。その笛を使い続けた何人、何十人の人の息がそこに宿っているのです。そういう人たちの呼吸で笛の中は削られ、いまの笛の音が作られています。

そして、いま現代を生きる「笛方（笛の演奏者）」の人がそこに息を吹き込む。それによって笛の内部は、彼の呼吸によってゆっくりと削られて、また新しい音色が生み出されていきます。

能の世界にいると、自分の一生のうちに何かを成し遂げようなんていう小さな時間感覚は吹き飛んでしまいます。

大きな流れの中にたゆとう自分を感じるのです。

このような仕組みは、日本の社会の中にはいろいろあります。

たとえば校長室に入ったことのある人は、校長室の壁にずらっと並んだ歴代校長の写真や肖像画を見るでしょう。横には歴代のＰＴＡ会長の写真もある。校長先生はあの写真を眺めながら、自分もいつかあの壁に並ぶ日のことを思いながら、校長として恥ずかしくない日々を過そうと生きるのです。

自分の生の中だけという小さな世界ではなく、死者も含めて、もっと大きな世界の中で生きている、それが少し前の日本人でした。

大きな流れの中にいるからこそ、ゆったりと、おおらかな身体をもっていました。

心身が分かれていなかったおおらかな日本人は、生者と死者との区別も曖昧であり、他者と自分との境界も曖昧でした。次章は、このことを見ていこうと思います。

第2章

曖昧な身体

井筒

†主客の境が溶けるとき

前章では、本来の日本人の身体観はもっとおおらかであったということをお話しました。そして、そのおおらかさは、自分の身体だけにとどまらず、他人や他人の身体との関係においても当てはまる。すなわち、自分と他人との境界、あるいは生者と死者との境界もとてもおおらかであるということもお話しました。

本章ではその「境界の曖昧さ」の具体例を「能」をはじめとする、さまざまな日本の文化の中から見ていきたいと思います。

最初に「能」です。

能は、世界でも珍しいほどに古形を残した芸能です。演劇が娯楽ではなく、神事であったころの姿を残しています。このような芸能が残っているところに日本の文化の面白さがあります。

能がいつできたのかについては諸説があって、本当のところはわかっていません。しかし、いま舞台上で演じられている能に近い形が大成されたのは、今からおよそ六五〇年前の室町時代ではないかといわれています。

そんな昔に大成された芸能で、現代まで一度も途切れずに続いているという芸能は、世界でも能しかありません。六五〇年も続いている、そのひとつの理由も、この境界の曖昧さにあります。

能の物語には、大きく分けてふたつの種類があります。ひとつは「現在能」と呼ばれるもので、もうひとつは「夢幻能《むげん》」と呼ばれるものです。前者は現代の演劇やドラマにも近いのですが、後者「夢幻能」の物語構造は現代の演劇とはまったく違います。そしてこの夢幻能の物語こそもっとも「能的な特徴」をもった物語なのです。

夢幻能からひとつの話を紹介しましょう。『定家《ていか》』という能です。

平安末期の歌人、藤原定家の名を冠する能ですが、藤原定家その人は出てきません。

さて、能の話をする前に本書でも何度も出てくる能の用語をひとつ覚えていただきたいと思います。

「シテ」と「ワキ」という言葉です。

演劇に「主役」と「脇役」があるように、能には「シテ」という役割と「ワキ」という役割があります。演劇などでいう主役を能では「シテ」といいます。となると、「ワキは脇役」となりそうなのですが、これがちょっと違います。しかし、この話はほかのところでもしましたので今回は省略します。

さて、夢幻能のシテ（主人公）は、幽霊や神、あるいは精霊、天女などであることがほとんどです。この世の者ではない存在です。それに対するワキは、必ず現世の存在で、しかも多くが旅人です。

能の物語は、この旅人（ワキ）が「あるところ」に行きかかるところから始まります。そこには樹や草木や石、池など自然の景物がある。旅人が、その自然の景物を眺めていると、そこにその土地の人が現われます。これがシテです。多くが女性か老人です。

『定家』という能では、ワキである旅人は北国から都（京都）にやって来た僧、お坊さんです。

季節は初冬、旧暦の十月十日ほど、現代でいえば十一月中旬くらい。ほとんどの木々は冬枯れているのに、紅葉が散り残っている木が一本だけある。旅の僧がその紅葉を眺めていると、突然、時雨が降ってきた。

「どこかに雨宿りができるところはないか」

と、みるとちょうどいいところがある。そこに立ち寄ろうとすると、ひとりの女性（シテ）が現れて僧に向かって言葉をかけます。

「旅のお僧はなぜここに立ち寄ろうとしているのですか」

「今降って来た時雨が晴れるのを待とうと立ち寄ったのです」

そう僧がこたえると、女性はまたいいます。

「ここは『時雨の亭《ちん》』という由緒ある所。しかも、いまはまさにその時雨の亭という名の通り、時雨が降り出したところ。あなたは、ここを『時雨の亭』ということを御承知でお立ち寄りになったのかと思って、こうお尋ねしたのです」

確かに見れば、「時雨の亭」と書かれた額がある。僧がその名の由来を尋ねると、女性はこたえます。

「ここは藤原定家卿が建てられたところです。このあたりは都の中でもことに寂しいところ。時雨が降るときなどはことに「ものあはれ」に感じるということで、定家卿がこの建物を建てられ、しばしばここを訪れて歌をも詠まれました。藤原定家卿の旧跡でもあり、しかもちょうど今は時雨も降り始めたとき。そのことをご存知で立ち寄らせたのかと思ってお声をおかけしたのです」

僧が、「時雨を読んだ定家の歌とは、どの歌か」と尋ねると、女性は「さまざまありますが」といいながらもひとつの歌を詠みます。

「偽《いつわ》りのなき世なりけり　神無月　誰《た》が誠よりしぐれそめけん（偽りのない世であることよ。神無月になると必ず時雨が降るが、だれの誠が天に通じたのだろうか）」

さて、この歌を聞いた僧のセリフからあとの会話を能の詞章で見ていきましょう。シテと書いてあるのは女性、ワキとあるのは僧です。

ワキ「実にあはれなる言の葉かな。さしも時雨はいつはりの。なき世に残る跡ながら。
シテ「人はあだなる古事を。語れば今も仮の世に。
ワキ「他生の縁は朽ちもせぬ。これぞ一樹の蔭の宿。
シテ「一河の流れを汲みてだに。
ワキ「心を知れと。
シテ「折りからに。

さて、この会話、ちょっと変ですね。

途中から主客が曖昧になっています。シテが言うべきことをワキが言ったり、あるいはシテでもワキでもどっちでもいいようなセリフになったりしています。

舞台での上演では、ふたりの境界が曖昧になるあたりから会話の「間」が小さくなります。相手の言葉にかぶせるようにして次のセリフが謡われ、二人の会話を囃す音楽の盛り上がりも激しくなります。

まるでぐるぐる、ぐるぐる会話が回転しているように感じるのです。シテとワキの会話はぐるぐる廻っているうちに境界が曖昧になって、どちらがシテのセリフなのか、どちらがワキのセリフなのかわからなくなります。

そして、このあとは「地謡」というギリシャ劇でいう「コロス（コーラス）」に引き継がれるのですが、そうなったときにはもう、主客の別は完全に消失してしまいます。

†時間の境も曖昧に

曖昧になるのはシテとワキの境界だけではありません。時間の境界も曖昧になります。ふたりの会話に続く「地謡（コーラス）」の部分を見てみましょう。

地謡「今降るも。宿は昔の時雨にて。
　　宿は昔の時雨にて。
　心澄みにしその人の。
　あはれを知るも夢の世の。
　実に定めなや定家の。
　軒端の夕時雨。
　古きに帰る涙かな。

庭も籬《まがき》もそれとなく。
荒れのみ増さる叢《くさむら》の。
露の宿も枯々に
もの凄き夕べなりけり
もの凄き夕べなりけり」

「今降るも、宿は昔の時雨にて」と、地謡は始まります。文章で読むと、すっとそのままいってしまいそうになりますが、ちょっと待った！　です。

この能ができた室町時代の「いま」降っている時雨。しかし、雨宿りをしている場所は、藤原定家の平安末期の「昔」の「時雨の亭」。

意味としてはこうです。が、これが舞台で母音を伸ばしてゆっくりと謡われると、聞いているうちに、このような文の論理性は消えて、観客の目には、時雨の降る中、定家の建てたという「時雨の亭」にたたずむ僧の姿が見えてきます。そして、僧の上に降っている時雨が、今の時雨なのか、昔（定家の時代）の時雨なのかわからなくなる、そんな不思議な世界に引っ張られていきます。

この一句によって「いま」と「昔」の時間が交錯するのです。

能では、雨や雪のような気象の変化があると、時空が歪むということがよくあります。これは能だけではありません。松尾芭蕉の『おくのほそ道』でもこのようなことがよく起きます。

いや、文学作品を待つまでもないでしょう。

子どもの頃、雨が降ると体調が変わり、右から来るべき電車が左から来たり、左から来るべき友だちが右から来たり、あるいは時間の進み方が変になったりするのを感じました。雨や雪は私たちの精神を日常ではない世界に誘うようです。

古い建物や樹を前にしたときには特にそうです。

『おくのほそ道』の中に「五月雨の降り残してや光堂」という句があります。平泉の光堂の前で詠んだ句ですが、芭蕉の自筆本を見ると、この句は「五月雨や時々降りて五百たび」となっています。比べてみると全然違います。

五月雨の降り残してや光堂（流布本）
五月雨や時々降りて五百たび（自筆本）

奥州藤原三代の眠る平泉の光堂の前に立つ芭蕉に、五月雨が降りかかる。

「いま降る五月雨は、藤原氏や源義経が滅んだ五百年前から五百たび降り続く五月雨だ」

自筆本の句からは、光堂を前にした芭蕉がそう詠んだことがわかります。

いま自分に降る雨が、いまの雨であるだけでなく、五百年前の五月雨と同じであることを観想した芭蕉は、一挙に五百年前に引き戻され、義経や奥州藤原氏三代の栄華を幻視するのです。

能『定家』のこの場所も同じです。

「時雨」というキー・アイテムによって、この能が上演されるのがどの時代であっても、旅の僧は藤原定家の時代に引き戻されてしまいます。

「時間」というものが絶対ではないということは、私たちは感覚的に知っています。本川達雄氏の『ゾウの時間 ネズミの時間—サイズの生物学』によれば、体の大きさによってその生物の中に流れる時間も違うということですが、同じ人間でも子どもの頃の時間と大人の時間が違うことは、多くの人が感じることです。時間は、脳によって記述されたもので、脳が違えば時間も違います。

あ、ネタバレをしちゃいますと、さきほど僧に声をかけた女性。実は幽霊なのです。幽霊が里女のフリをして出てきています。

生きている人間でもその時間が違うのなら、亡者であるシテと生者であるワキのふたりに流れる時間も別の時間です。現世の人であるワキに流れる時間は、私たちと同じく過去から未来へと流れる「順行する時間」です。

それに対してシテの中に流れている時間はまったく違います。亡霊であるシテが生きていたのは過去です。そのシテが現在に現れている。いや、彼女は江戸時代の能舞台にも現われていたし、そして未来の能舞台にも現われる。このシテは、能が続く限り、未来永劫現われ続けるのです。

となれば、シテの住まうのは永遠の時空です。彼女の体内に流れるのは、その永遠から現在へと向かって流れる「遡行する時間」なのです。

順行する時間と、遡行する時間。そのふたつが出会うのが「今降るも。宿は昔の時雨にて」と謡われる「いま」なのです。ですから、この「いま」は、ふだん私たちが経験する、過去からのつながりの「いま」であるだけではありません。過去からのつながりの「いま」でもあり、未来からやってきた「いま」でもあるのです。

ふたりの会話が盛り上がって地謡に引き継がれた瞬間に、ふたりの間に流れる時間の境界も曖昧になり、「曖昧ないま」が出現します。

その「いま」は、過去でも、そして未来でもない「いま」であり、同時に現在でも過去でも未来でもある「いま」なのです。

「いま」が現在なのか過去なのか、はたまた永遠なのかわからなくなった瞬間、そのとき時空は歪み、シテの生きていた「時」がここに出現する準備が整います。

それを「いまは昔」と古典では表現しました。

†思ひ

話がだいぶ不思議な方向に飛んでいってしまいましたので、次に行く前にここらでひとつ今までの話をまとめておきましょう。

能では、ふたりの人物、シテとワキが登場します。

ひとりは、この土地に住む人（シテ）であり、もうひとりは旅人（ワキ）です。それだけでなく、ひとりはこの世ならざる異界のモノ（シテ）であり、もうひとりはこの世の人間（ワキ）です。

そして、ふたりの間に流れている時間も違っている。

ふたりは最初、異質の存在として出会います。が、会話が進むと、ふたりの間の境界は曖昧になり、どちらがどちらだかわからなくなる。それだけでなく、全く違う時間に生きていたふたりの時間の境界も曖昧になり、「曖昧ないま」が出現し、「いまは昔」になる。

それが能の物語です。

ちなみにこの境界の曖昧化は、シテとワキという舞台上の登場人物の間だけに起きることではなく観客との間にも起きます。

フランスの劇作家ポール・クローデルは、能の物語は舞台の上ではなく「すべてが観客の内部で進行する」と書いています。

西洋人であるクローデルがはじめて能舞台という建築物を見たときに、自分たちの思っている「舞台」とあまりに違うことに驚きました。そして彼はそれを「客席の海に迫り出している舞台」と表現しました。

クローデルが「客席の海に迫り出している舞台」といった能の舞台は、「橋掛かり」と呼ばれる長い廊下のようなもので楽屋につながれ、演技の中心となる「本舞台」は、海に浮かぶ島のように客席の中にぽつんと存在しています。

この舞台構造によって、能の舞台と観客とが互いに「入り込み合って」おり、そしてその結果、能の物語は舞台の上ではなく「すべてが観客の内部で進行する」ということにクローデルは気づくのです。

この「すべてが観客の内部で進行する」というクローデルの指摘は、能を観なれた人ならばドキッとしたでしょう。

これは、能は観客の想像力によって補いながら見る芸能である、ということだけを言っ

【能舞台】

ているのではありません。文字通り、能は観客の内部で進行するのです。

能の観客の多くは最初こそ舞台で行われていることに集中しています。しかし、途中からは目は舞台を観ていながら心は自分のことを考えている。あるいは能の舞台の進行を追いながらも、そこに自分の内部に起こるさまざまなことや、あるいは過去の記憶などを舞台上で起こることと重ねている。

まさにクローデルのいうように「すべてが観客の内部で進行する」のです。

これは決して悪いことではありません。悪いことではないどころか、これこそが能の六五〇年の命脈を保ってきた、大きな理由なのです。

それにしても、なぜ能の観客は自分のことを考えてしまうのでしょうか。

ひとつは能が控え目な芸能であるというのもその理由のひとつでしょう。「これを伝えないと」という強い意志をもつ脚本家も、「こう見ろ」という押し付けがましい演出家も、そしてギラギラした演技で圧倒しようとする役者もいない。能はそこに静かに真理のごとくにただ開示されている。

能は演劇というよりは「開かれた詩」です。詩であるから、どう読まれようと、あるいは読まれなくてもかまわない。それは読者に任されている。きわめて静かな芸能なのです。

もうひとつは能が「こころ」の芸能ではなく「思い」の芸能であるということも、その理由でしょう。

和語の「こころ」は、「こ、こ」という心臓音がその語源だという説もあります。「こころ」とは、心臓が刻一刻と刻むように、刻一刻変化するものです。

「昨日はあの人が好きだったが、今日はもうこの人を好きになっている」

それが「こころ」である。「こころ変わり」などという言葉がある。

能『熊坂』に「迷ふも悟るもこころぞや。さればこころの師とはなり。こころを師とせざれ」という詞章があります。「こころ」を自分の指針にするな、自分自身が「こころの師」となれという意味です。

能は、そのような「こころ」は扱わずに、「思い」を扱う芸能なのです。

この話をするときに、いつも出す例が能『隅田川』です。

『隅田川』は、わが子を人買いに拐《かどわ》かされた母親がシテ（主人公）の能です。この能のシテは幽霊や神霊のような異界の人ではありませんが、いわゆる普通の人でもない。彼女は「狂女」なのです。

子を誘拐されたことによって物狂いとなった彼女は、子どもの行方を追って、都（京都）から隅田川（東京）までやって来た。

隅田川を前にした彼女は、平安時代の物語『伊勢物語』を思い出す。『伊勢物語』の主人公である在原業平《ありわらのなりひら》は、ここ隅田川で都にいる妻のことを偲んでいた。自分はここでわが子を思っている。

妻と子、対象は違います。そのときに彼女は謡います。

「思ひは同じ『恋路』なれば」と。

対象は違うが、「その『思い』は同じだ」と狂女となった母を謡うのです。

業平の「妻」と自分の「子」。あるいは好きになる対象が「あの人」から「この人」になっても、しかしその深層にある「好きになる」という心的機能は変わらない。その心的機能が「思い」なのです。

能『隅田川』では、その「思い」に「恋路」という名を付けました。

「恋」とはラブとはちょっと違います。「こふ（乞ふ）」の連用形が「こひ（乞ひ）」です。ぽっかりと空いてしまった欠落を埋めたいという、非常に深い心的機能、それが「こひ（乞ひ）」なのです。

辞書風な定義をすれば「本来は自分のものであると思っている何かが一時的になくなってしまい、それが元に戻るまで、不安で、不安で仕方のない状態」、それが「こい（乞い）」です。

わが子をデパートや遊園地で迷子にした経験のある人ならばわかるでしょう。いくら探しても見つからない。ひょっとしたら誘拐されたのではないだろうか。今ごろあの子は心細くて泣いているんじゃないだろうか。「もう絶対に叱らないから出てきて」そう思う（出てきた瞬間に叱りますが……）。

子どもが現われるまで不安で、不安で仕方がない。それが「こひ（乞ひ）」です。

その「こひ（乞ひ）」の対象は『隅田川』の母のようにわが子のこともあれば、業平のように配偶者や恋人の時もある。長期の日照りがあれば、雨を乞う「雨乞い」になるし、何日も食べ物を口にしていなければ食事を乞う「乞食」になる。

その時の状況や、その人の歴史によって「こひ（乞ひ）」の対象は変わります。変わった対象に注目すれば、それはころころ変わる「こころ」になります。その人の状況は刻一刻と変化するから、まるで「こころ変わり」をしているように見える。

しかし、それを生み出す心的作用である「思い」は不変です。

この欠落感は、一時的に埋まっても、また何かの拍子にぽっかりと穴があく。そして、何かを求めてしまう。

これはどんな人にでも、そしていくつになっても起きる。それが「思い」なのです。そして、この「思い」こそ、死者であるシテも、生者であるワキも、そして観客も、みなが共有するものです。

現代的な用語を使えば「こころ」とは意識のことであり、「思い」とは無意識であるというのが近いかも知れません（イコールではありませんが）。

能が進むにつれて観客の意識の膜は徐々に薄くなり、観客の意識は後退し、普段は意識の深層に隠れている無意識が、やがて表面に現れてきます。そして、観客は意識と無意識の境界である「夢の世界」に漂います。

まさに「夢幻能」と呼ばれるゆえんです。

ちなみに、ここら辺で、さらに深い無意識界に入って、実際に眠ってしまう人が多いのも能の特徴ですが、そこで起きていると、やがてシテやワキとも「思い（無意識）」を共有するようになるのです。

観客の「思ひ（無意識）」の海に浮かんでいる浮島のような舞台は、観客や役者との「あわい」に浮かんでいます。能は、舞台そのものが「あわい」にあり、そして人々の「あわい」である「思い」を引き出す、そんな芸能なのです。

これを、おそらく数度しか実際の演能に接しなかったポール・クローデルが気づいたのはすごい。まことに慧眼です。

†共話

さて、このような自他の境界の曖昧化、あわい化は能の世界だけでなく日常の世界でも起こります。

もう一度、能『定家』の中でのシテとワキとの会話に戻り、その一部を取り出してみましょう。


ワキ「他生の縁は朽ちもせぬ。これぞ一樹の蔭の宿。

シテ「一河の流れを汲みてだに。

これは「一樹の蔭、一河の流れも他生の縁」という句がベースになっているセリフです。同じ樹木の陰に身を寄せ合って雨宿りをするのも、同じ川の水をくんで飲むのも、他生（前世）からの因縁によるものだという意味です。

シテのセリフの「一河の流れ」と、その前のワキの「一樹の蔭の宿」とは本来は一句で、ワキがひとりでいうべき言葉です。ところが、ワキがそれを言い切る前にシテがワキの言葉を取って「一河の流れ」といってしまっている。

「言おうと思ったのにィ」と、下手をすれば叱られそうです。

ところがこれ、現代の会話の中でもよく見かけます。以下は東出朋さんから教えていただいた話で、たとえばこんな場合です。

A：今日の地震……

B：大きかったよね。

「今日の地震」と言いかけたAは、自分がいおうとした「大きかった」ということをBに先取りされて言われてしまう。

しかし、Aはこれによってことさら気分を悪くすることもないし、「言おうと思ったのに」とがっかりすることもない。

西洋人同士の会話ならば失礼だと思われるようなこのような会話も、日本では失礼でも何でもありません。それどころか、ここでBが黙っていると「最後までいわせるな」と叱られてしまうことすらあります。

A：今日の地震……

B：……（無言）

A：……（無言）

B：……で、だから何？

たまにこういう人（B）もいますが、こんな人は、だいたい嫌われます。ここでBさんは、A氏の言いたいことを汲んで、言い切る前に言葉を継ぐのが人間関係をスムーズに進める作法であり、礼儀なのです。少なくとも日本では。

このように「ひとつの発話を必ずしもひとりの話し手が完結させるのでなく、話し手と聞き手の二人で作っていくという考え方にもとづいた」（水谷信子「共話から対話へ」『日本語学』一九九三年四月号）会話は、日本語による会話の特徴で「共話」と名づけられています。

さて、私たちが「共話」をするときに、無意識の前提になっているのは会話内容の「共有」と「同意」です。

いま、ここにいるふたりに対立はない、という前提で話をしています。あるいは対立のない内容を選んで話をしているといってもいいでしょう。

ほかのことではふたりに対立があったとしても、ここで扱うべき内容は対立のない内容なのです。そして、その会話を重ねていくことによって、表層の対立する「こころ」ではなく、深層にある「思い」に到達する。それが「共話」のもつ力でもあります。

「思い」は万人共有のものであるから、むろん対立はありません。日本語会話の特長である「共話」というのは、「思い」に到達するための会話手法であるといってもいいかも知れません。

✝ほんとうの「和」とは?

この「共話」は現代ではネガティブに受け取られることが多いようです。

「だから日本人は、なんでもうやむやにする」

「みんなで決めたことだからと、誰も責任を取らない」

しかし、この「共話」こそ、「和の議論」を生み出すことができる、すばらしい会話方法なのです。

「和の議論」なんていうと、「またか」とか思われそうですが、「和」という言葉は、よくある「みんなで仲良く」というものとは全く違います。

日本で「和」を有名にしたのは、むろん聖徳太子。十七条の憲法の第一に「和をもって尊しとなす」と書きました。

しかし、聖徳太子が使った「和」という字は、実は「和」ではありません。「龢」と書かれます。

現在、「龢」という文字が使われなくなったために「和」が使われていますが、実は「和」という漢字と「龢」とは全く別字なのです。

「和」とは和平や講和の「和」で、軍門の前で戦争の終結を誓い合う儀式をあらわす漢字でした。

それに対して「和が大事だよね」というときの「和」は、「龢」の字を用いるのが本来なのです。「調和」の「和」もこちらです。

では、「龢」はもともとどんな意味だったのか。それを知るために「龢」の古代文字である殷の時代の甲骨文字と周の時代の金文を見てみましょう。

〈甲骨文字〉

〈金文〉

両方とも左偏に「龠」があります。上にある「（今）」は「まとめる」という意味です。ですから、これは竹を紐でまとめた形です。

金文になると竹の上に「吹き口（口）」が付いていて、この竹が楽器であることを示し、この古代文字が竹の笛を何本かまとめた形であることがわかります。

これは「龠《やく》」という楽器です。牧神たちが吹くというパンフルートやアンデスの楽器サンポーニャなどに似ています。日本人になじみのある楽器でいえば笙をぴらっと開いた形です。

一音一音も鳴らしますが、いくつかの音を同時に鳴らしたりもします。

すなわち「龢（和）」という漢字は、さまざまな音程を持つ笛を一緒に吹き、そこに調和を見出すことを意味するのです。

人間関係でいえば、さまざまな意見を持つ人が集まり、そこに調和を見出す。それが「和」の関係です。

孔子は「君子は和して同ぜず」（『論語』）といいました。君子は「和」の関係は持つが、「同」の関係は持たない、そう孔子はいうのです。孔子のいう「同」の関係とは、みんなが同じことをする。あるいはさせたがる関係です。違う意見や違う行動は許さない、そういう関係です。

いま、多くの人が使っている「和」は、どちらかというと「同」に近いような気がします。何か違うことをしたがる人がいると「和が大事だろう」などといって、無理やりに同じことをさせたがるのです。

それは君子の関係ではありません。

いまは民主主義の時代ですが、少なくともいま行われている民主主義は、かなり「同」的です。

確かに、ひとつの意見に落ち着くまでは議論を尽くします（尽くさない場合も多いけど）。しかし、議論を尽くしたあとは、それに反する行動は許さない。

ホームルームで多数決で決まったことはしなければならないし、忘年会の会場だってみんなの意見に逆らうことは許されない。

「どこそこの国と戦争をしよう」

国民の投票で決めた議員が、そのように国会で決めれば、「自分はイヤだ」は許されない。

これはまったく「同」です。

†「同」と「和」

議論にも「同」の議論と「和」の議論とがあります。

たとえばディベート、これは「同」の議論です。

ディベートの語源は「戦う」ということ。相手を打ち負かして、自分の意見を通そうという議論がディベートです。そして、その議論のあとはディベートで勝った側、すなわち意見が通った側に従うことになるわけで、これは「同」なのです。

裁判での検察と弁護士とのやり取りはまさにディベートであり、市民の裁判員はそのディベートの判定者となります。

また、もう少し柔らかいところではコンセンサスを探るという議論もあります。「合意形成（コンセンサス・ビルディング）」とよばれるものです。

政治や街づくりなどで使われることが多い議論の方法で、さまざまな利害の異なる者同士が集まり、そこで議論をすることによって、お互いの根底にある利害の一致点を見つけて、そこに軟着陸をさせようとする議論の形です。

完全な敗北や完全な勝利というものが存在しない戦争の講和の話し合いなどはこれです。現代の戦争では、勝利を収めた国が、相手の国土や国民をすべて自分の意のままにすることはできません。自国の主張をどこまで通し、どこからは妥協するか、それを話し合うのが講和です。その話し合いはお互いの合意を形成するコンセンサスの議論の形によって行われます。

近頃ではＴＰＰの交渉などはこれに近いでしょう。

誰かのひとり勝ちではないという意味では、ディベートに比べれば「和」に近いともいえます。

しかしこれは、多くの場合、当事者全員が「自分は妥協した」と感じ、「安値合意をした」と感じてしまいます。どこかに不満が残り、「自分はここまで譲ったんだから、お前はもっと譲れ」などという話になって、なかなか合意には至らないことも多くあります。また参加者の中に、「絶対に自説を通す」という人がひとりでもいれば合意の形成は不可能です。着地点が難しい議論なのです。

文殊の智慧をめざす

ディベートとコンセンサスに共通することは、意見の違いを何とかしようというところから始まり、そして多数の合意するところで落ち着かせようとしていることです。

「議論はそういうものだ」といわれてしまえば、それまでですが、でもそれでは議論としてはイマイチなのです。

「和」の議論は、それとは全く違います。

理想的な「和」の議論とは「三人寄れば文殊の智慧」の議論です。

議論に参加している人が、誰も考えてもいなかった結論が、自然に導き出されていく、そういう議論が「和」の議論なのです。

文殊菩薩の智慧のような、人知を超えた智慧が生成される。人間がひとりでは考えられないような超自然的な智慧が生み出される、そのような場を創出するのが「和」の議論の場です。

「かんがふ（考える）」の語源は「か身交ふ」だという本居宣長の説があります。互いの「身」が「交わった」ときに何かが生まれる、それが「考える」だといいます。

互いの身が交わるためには、最初に対立があってはダメです。まずは互いを受け入れようとする受容の姿勢が必要です。合意、共有しているところから話を始めて、議論をどんどん、どんどん深めていく。

そのとき大切なのは、自説はどんどん捨てていくということです。少なくとも会議の最初に用意してきた自説はすぐに捨てます。途中で出てきた自説も、どんどん手放していきます。

全員が自説にこだわらず、わいわいと活発に意見を出し合っていくと、あら不思議、『ちびくろ・さんぼ』のトラのように、あるとき忽然としてバターという全く新しいアイディア、すなわち文殊の智慧が出現します。

それが「和」の議論なのです。

そして、この「文殊の智慧」は、誰の中にもなかったものなのにもかかわらず、すべての人の中にもともとあったものでもあります。だから、そういう意見が出てきたときには、みんなが「おお、実はそれを言いたかったんだ」となったりします。

意識化できない「思ひ（無意識）」の大海の中に沈んでいたものが、ぽっかりと浮上してきた、それが「和」の議論で生成されるアイディアです。意見の対立、すなわち精神の表層にある「こころ」が溶けて、深く沈んでいた「思ひ」が浮かび上がる、それを待つのが「和」の議論なのです。

†境界はラインではない

さて、深層の心的作用である「思い」というものは私の中にもあり、あなたの中にもある。と、ともにどちらのものでもない。どちらでもあり、どちらでもない。すなわち自他の境界が曖昧なのです。

と、本章では能の物語から始めて、日本人の特徴として「境界」が曖昧であるという話をしてきました。

が、ここで「境界」という言葉について考えてみましょう。

境界を英訳しようとすると「ボーダー」とか「バウンダリー」とか、あるいは「マージン」などになるでしょう。ボーダー・ラインという言葉があるように、そこには「線」のイメージがあります。

それに対して「境界」はどうでしょう。

「境界」を和語でいえば「さかひ」になります。「さかい」の「さか」は「坂」と同根の言葉で、ものごとのあちら側とこちら側を分ける語です。山でいえば「峠」がそれです。峠によって、たとえば山の南面《おもて》と北面とが分けられます。

そういう意味ではライン（線）に似ているようにも見えますが、しかし「峠」はラインではありません。峠には「峠の茶屋」なんかがあったりする。ちゃんと茶屋が存在し得るような、もっとおおらかな空間なのです。

「境界」という言葉は、「境」という語に「界」がついているのが面白い。臨界点などというように「界」には分け目という意味もありますが、「界隈」などという言葉もあります。「はじめに」の「膝」や「肩」の話でも書いたように、「界隈」とはそこら辺一帯をいいます。

東洋人にとっての「境界」とは、点や線ではなく、なんかそこら辺一帯をいうのです。点や線というものは、物理的には空間や質量を持ちません。しかし、そこら辺一帯である界隈としての境界は空間も質量も持っている、れっきとした場所なのです。

そのような曖昧な境界をいう言葉として、日本語には「会う（会ふ）」という語から派生した「あわい（あはひ）」という言葉があります。

今までも説明なしに何度も使ってきた言葉ですが、この「あわい」という言葉は境界を意味しながら、しかし分けるということにその主眼を置いていません。むしろ「あう（会う・合う）」、すなわち相手やそこにいる人たちと境界を共有することを前提とした言葉です。峠などは、まさに「あわい」の空間です。

私たち日本人が「あわいの空間」としての境界で真っ先に思い出すのは「縁側」でしょう。

余談ですが、東京で月二回開催している寺子屋で縁側の話をしたら、そこに参加していた中学生は「縁側を知らない」というのです。周りの大人が絵を描いたりして、一生懸命に説明しようとするのですが、これがなかなかうまく伝わらない。

むろん、家屋の構造としての縁側を伝えることはできます。しかし、「縁側」のあの雰囲気が伝わらないのです。

「縁側」というのは単なる建築の構造ではなく、私たち日本人が慣れ親しんできた、さまざまな記憶に裏打ちされた、ある「場」なのです。

小春日和のなか、猫と一緒に日向ぼっこをしてお昼寝をしていると、友達が「あそぼ」

などとやってくる。となりのご隠居さんがやってきて、お婆ちゃんと茶飲み話をする。そんな「うちの人」と「そとの人」との出会う空間が縁側なのです。

このような「うち」と「そと」の間の空間は「なか」と呼ばれていました。

古い日本語には「うち」と「そと」と「なか」には、ぼんやりとした区別がありました。区切られた閉鎖空間の内部としての「うち」。そして、「そと」ではないけれども「うち」でもない、曖昧な空間、すなわち「あわい」の空間としての「なか」がありました。

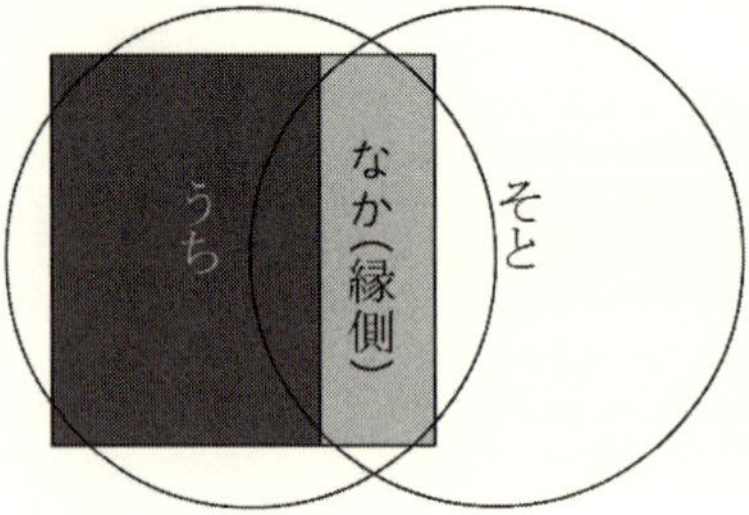

そして、日本家屋の「なか」が「縁側」です。

縁側（なか）が「そと」と「うち」との中間であるといっても、誰でもがそこに入れるというわけではありません。

宮城県の大貫（大崎市）で聞いた話では、昔の結婚は必ず他の村から嫁をもらったそうです。交通も通信も発達していなかった昔のこと。村人以外の人を見る機会は少ない。ですから、その村の者だけでなく近在のものも、そのお嫁さんをひとめ見ようと結婚式には押しかけました。

そんなとき「なか」、すなわち縁側まで入れればお嫁さんを見ることができるのですが、そのためにはひとつの要件がありました。

それは能の「謡」を三曲以上謡えることでした。能の「謡」を三曲以上謡うことができれば、もうそれだけで「なか」である縁側に入れる「なかま（仲間）」なのです。

ちなみに「うち」まで入れるのは「みうち」だけである。

身内でもないけれども、他人でもない。そんな「あわい」の人が「なか」の人、「なかま（仲間）」なのです。

私たち日本人は、家においても、このような「うち」と「そと」との境界面である「なか」＝縁側を作り、自他の境界をおおらかに、そして曖昧にしていたのです。

さて、この「縁側」を存在せしめているものは「軒」です。いや、「軒」は縁側を存在せしめているだけではありません。「軒」さえあれば、縁側がなくても「あわい」の空間は出現します。

†軒と軒下

英語の「ルーフ（屋根）」と日本語の「屋根」との大きな違いは「軒」の有無であるというのは建築家の故・伊藤ていじ氏です（『日本デザイン論』SD選書　鹿島出版会）。ビルのような箱形の建物を見て、私たち日本人は「屋根がある」とは言わないであろうと氏はいいます。日本人にとって屋根が屋根であるためには、屋根が建物より外へいくらか突きでていなければならない、すなわち「庇《ひさし》」の部分があることが必要なのです。

その庇の下の空間、そこが「軒下」です。

軒は、室内気候調節の役割をもつということが建築上は第一義でしょう。軒があることによって、夏の暑苦しさは和らぎ、冬には暖かい陽光を取り入れることができます。たとえば東京の真南向においては、夏至における太陽光線の入射角度は七七度四六分なので、その光をさえぎる程度に軒の出を決めれば、冬至の日には太陽の入射角度が三〇度五二分になり、冬の光は室内深く入るそうなのです。

しかし、軒下の機能はただ室内機構調節の役割だけではないことは縁側と同じです。そこは「あわい」の空間として、さまざまに機能してきました。

本章の最初に紹介した能『定家』の僧。彼も「時雨の亭」の軒下で雨宿りをした。すると、そこに式子内親王の亡霊が出現したのです。

ちなみに、この「軒下」という呼び名は、私たち、居住者や建築家などの内部空間に関係ある人の側からの呼び名で、植木屋、庭師など外部空間に関係ある人は同じ場所を「軒内」といってきたと伊藤ていじ氏は指摘します。

同じ空間が内と外とで呼び名を変え、視点も変わり、働きかけも変わる。そこに関係する人によって呼び名や働きかけが変わっても、同じ「あわい」の空間として共有されることは、シテとワキと、そして観客が共有する「思い」と同じです。「あわい」の空間は、人々に表層の「こころレベル」ではない、深層の「思いレベル」での深い憩いを与えます。

軒下に縁側があればそこは子どもや老人や隣人たちの憩いの場となるように、縁側がなくてもそこが軒下でありさえすれば人々は雨宿りをすることができるし、ふと立ち止まることもできる。能『定家』の謡の中にある「一樹の宿り」です。

†能の中の掛詞

この縁側的空間、軒下空間は、建物だけでなくさまざまな日本文化に見ることができます。

たとえば和歌における「掛詞」もそのひとつです。

百人一首に載る藤原定家の歌を見てみましょう。

「来ぬ人を　まつほの浦の夕凪に　焼くや藻塩の　身も焦がれつつ（来ぬ人を待つ私は、「待つ」の名をもつ「松帆」の浦の夕凪に焼かれる藻塩のように、身も恋い焦がれてあなたを待ち続けているのです）」

この歌の「まつ」が掛詞です。

この「まつ」は、待っても来ない人を「待つ」の「まつ」であるし、また同時に淡路島にある「松帆の浦」の「まつ」でもあります。縁側が「うち」と「そと」の両方の空間であるのと同じく、この「まつ」は「来ぬ人を待つ」と「松帆の浦」の両方にかかる「あわい」の言葉なのです。

私たちはこの「掛詞」を中学校や高校の古典の授業で習うので、勉強のひとつとしてスルーしてしまいますが、しかし「掛詞」は単なる修辞技法ではなく、人を変容へと誘う呪詞なのです。

その例を見るために、中断していた能『定家』の話を続けましょう。

雨宿りをしているときに声をかけられた僧ですが、雨があがると彼の女は「今日は命日なので、墓所にお参りをしようと思います。お坊さまもお参りください」といいます。僧は「それこそ出家の望み」と女性に連れられるままに墓に行く。

話の流れから当然、藤原定家の墓かと思いきや、そこは式子内親王の墓でした。

式子内親王といえば天皇の娘（後白河天皇の第三皇女）。しかも、賀茂の宮の斎王として神に身を捧げた女性です。

そんな人のお墓です。どんな大きな墓かと思いきや、連れて行かれたところは一面の草の原。墓の形も見えない。よく見ると古びた石塔があります。しかし、そこには蔦や葛が這い纏っていて、ひとめではどれが石塔なのかもわからないようなありさま。

女性は「墓に絡まるこの葛の名は定家葛です」と僧に告げます。僧は、その名前の不思議さに、「なぜ定家葛というのか」と尋ねると、女性は語り始めるのです。

昔、式子内親王は藤原定家と恋をした。しかし、神に捧げた身、人間の男と恋をしてはいけない。ふたりの恋は絶対、誰にも知られてはいけない「忍ぶ恋」だった。

そこで彼女は歌を詠む。これも百人一首に載る歌です。

玉の緒や　絶えなば絶えね　長らへば　忍ぶることの　弱りもぞする

（私の魂と我が身を結ぶ「魂の緒」よ。絶えるなら絶えてしまえ。もしこのまま生きながらえたら、あなたとの関係を忍んでいる心が弱まる、誰かに言ってしまいそうになるから）

しかし、死ぬこともなく、命を長らえてしまった彼女は、忍ぶ気持ちが弱くなり、二人の関係をふと誰かに漏らしてしまった。ここから地謡によって謡われる能の詞章を見てみましょう。

忍ぶる事の弱るなる。
心のあき（飽き・秋）の花薄《はなずすき》。
（穂が・二人の関係が）穂に出でそめし契りとて
またかれがれ（枯れ枯れ・離れ離れ）の仲となりて

この地謡の中には掛詞をはじめ、さまざまな修辞法が使われています。

式子内親王の「玉の緒よ〜」の歌の下の句である「忍ぶることの弱りもぞする」を一部、変形させて「忍ぶる事の弱るなる」と始まるこの地謡では、まずは「あき」が掛詞になっています。

「あき」には「飽き」と「秋」が掛けられているのです。忍んでいる（恋心を隠している）力が弱くなり、その弱くなった心が「あき（飽き）」、すなわち飽和状態になり、そしてその「あき」は季節の「秋」となって「花薄」を招く。するとそのススキ（花薄）の「穂が出る」と詞章は続くのですが、この「穂に出でそめし」という語は、「ススキの穂が出る」という意味と、「ふたりが世間に知られる関係（穂に出でそめし契り）になってしまう」という両方の意味に掛かっています。

穂に出たススキはやがて枯れます。古文では「かれる」には「離れる」という漢字が当てられます。となると、謡の中の「かれがれ」も、ススキが「かれがれ（枯れ枯れ）」になるのと、ふたりが「離れ離れ」の仲になってしまうのを掛けているのです。

「忍んでいた心が弱まり飽和状態になってしまい、誰かにふと漏らしてしまった。ちょうど季節は秋。秋には花薄の穂が出るが、二人の関係も世に知られるようになってしまい、ススキの穂が枯れるのとともに、二人も離れ離れにさせられてしまった」

このように「掛詞」によって、自然の情景と式子内親王の心情、そして二人の関係が綾錦のように織り込まれながら、もの寂しい秋の情景の中、ふたりの仲は破局へと進んでいくさまが能舞台の上では謡われるのです。

仲を引き裂かれ、離れ離れになってしまったふたり。ふたりも人間。やがて死にます。

が、死んでもなお、式子に対する定家の気持ちは終わらない。定家は、その執心によって死後、植物の精霊、蔦と化します。

定家葛となった彼は墓を抜け出し、地を這い行きて、式子内親王の墓までやってきた。蔦葛と化した定家の執心は、彼女の墓に這い纏わり、蔦紅葉のように色焦がれていつまでもこの墓から離れない。それが、いま目の前の墓に纏わりついている「定家葛」です。

斎宮として神に身を捧げた彼女のこと、式子は心では成仏をしたいと思っていたはずです。でも、彼女のからだが許さなかった。地中に眠る彼女のからだから髪が伸びて行き、上から這いかかる定家葛と絡まり、いつまでもこの墓の中に閉じ込められて眠る。

「こんな私の妄執を助けてください」

そう女性がいうのです。

「え、さっき雨宿りのときに声をかけた女性が『こんな私の妄執を助けてください』とは。あなたは本当は誰なのですか」と僧が問えば、「実は私こそ式子内親王。この苦しみを助けてください」といいつつ、またいずくともなく姿を消してしまう。

気がつけばあたりは暗くなっている。僧がお経を読んでいると、墓に絡まる蔦が解けて、墓の中から式子内親王が昔の姿で現れて舞を舞う、というのが能『定家』の物語です。

ふつうの里女であった女性が、その語りの中でいつの間にか式子内親王の亡霊へと変容していく。それがなんとも自然になされ、気づかないうちに私たちを異界に引きずりこむのは「掛詞」の力です。

この世とあの世との境界を結ぶ「掛詞」。縦横に張り巡らされた「掛詞」によって、秋の情景と、式子内親王の心情とを行きつ戻りつしつつ、能を観る人を異界に引き入れるそれは、呪詞のような役割を果たしているのです。

†橋掛かり

和歌や能における「掛詞」のような、縁側的「あわい」空間は能舞台の中にもあります。

七七ページで能舞台のことを簡単に紹介しましたが、本舞台と楽屋とを結ぶ廊下のような「橋掛かり」と呼ばれる装置です。

主役であるシテは、「あの世（異界）」である楽屋から「この世（此界）」である本舞台にやって来る。その通り道が「橋掛かり」です。

形としては歌舞伎の「花道」に似ていますが、そこに「橋」という名をつけた途端になんだか急に怪しくなります。橋は、相異なるふたつの世界を結ぶ装置です。そして、これがあの世とこの世とを結ぶ橋だといわれれば、その下に流れているのは当然、三途の川になるでしょう。

ちなみに橋掛かりのすぐ横にも観客席はあります。クローデルが、能の舞台は「客席の海に迫り出している」といいましたが、能舞台が三途の川にぽっかり浮かんでいるならば観客は、三途の川の中につかっているようにも思えたりしてきます。

そんな橋掛かりは、ただの通り道ではありません。そこでは演技も行われるし、謡も謡われる。

たとえば『高砂』のようなシテ（主人公）が特殊な登場楽で出てくる演目では、シテと、その助演者であるツレによる最初の謡は舞台ではなく、この橋掛かりで謡われます。そのときシテとツレはまだ完全にこの世には登場して来ていない。半分、あの世にいるということになるでしょう。

人が死んで生まれ変わるまでの期間を「中有」と呼びますが、「中有」も橋掛かりも、そんなあの世とこの世との中間、「あわいの空間」です。

このあわいの空間である橋掛かりで行われる演技の中でも、特に「道行」が行われたときの橋掛かりの効果は絶大となります。

「道行」とは、旅の途次の地名を次々と詠み込みつつ歩むという表現形式であり、日本の芸能や語り物の中には必ずといっていいほどあるのに、西洋のものにはほとんどないという、日本独自の表現形式です。

さて、能の道行はたくさんありますが、ここでは能『盛久《もりひさ》』の道行を紹介しましょう。

能『盛久』は、壇ノ浦で源氏に捕らえられた平盛久がシテ（主役）の能です。

いま都にいる平盛久は、これから鎌倉に護送される。鎌倉に送られれば首を斬られることは決まっています。鎌倉までの道行は、後世の心中の道行にも似る「死出の道行」です。この世の名残にと、東山の清水寺に立ち寄ってもらい、清水の観世音菩薩に祈念しつつ、東海道のさまざまな地名を詠み込む「道行」が謡われます。道行の特徴として、地名にも掛詞が多く使われ、死の影がちらちら、ちらちら現われます。

この「道行」の間に、平盛久を護送する一行は、一度橋掛かりに進みます。そして、橋掛かりをゆっくりと静かに歩みつつ、再び舞台に戻る。舞台から橋掛かりへ行き、橋掛かりを通ってもう一度舞台に戻ると、そこは鎌倉です。

死への思いを謡いつつ、盛久一行はやがて鎌倉に着くのです。到着地である鎌倉は、盛久が処刑される地です。

生の世界である本舞台から、一度、生死のあわいの橋掛かりを経て、再び本舞台に戻れば、今度は同じ舞台が処刑の場、すなわち死の世界に変わっている、そんな役割を橋掛かりは果たしています。

まさに橋掛かりは三途の川に掛かる「あわい」の橋なのです。

さて、能舞台の橋掛かりは、ふつうに見るとわからないのですが、実は幕から舞台にかけて軽い上り勾配がかけられています。見た目にはわからないほどの勾配なのですが、ここを歩く者には実感できる勾配です。

シテである異界の者は、そのかすかな勾配によって、容易にこの世には出現できないように阻止されているかのようです。境界である橋掛かりには目に見えない結界が施されているのです。

†結界を破る「囃子」

その結界を破るのが「囃子《はやし》」です。

シテが登場するときには、多くの場合、能管（笛）によって「ヒシギ」という音が吹かれます。その場の空気を一変させてしまうような非常に高い音です。

能の笛方の槻宅聡《つきたくさとし》さんから聞いた話なのですが、このヒシギという音は「ひしぐ」が語源だそうです。

「ひしぐ」というのは現代では「うちひしがれる」という語にかすかに残っているにすぎませんが、何かをぐしゃっとつぶすことをいう語です。漢字で書けば「拉ぐ」。拉致の

「拉」です。

あの世とこの世との境界である「あわいの結界」を引き破り、そしてシテをあの世から拉致してくる。能管の「ヒシギ」は、そんなイメージを持った言葉です。

能の囃子では、笛（能管）のほかに大小の鼓（大鼓、小鼓）、そして太鼓が使われます。日本の芸能による器楽による演奏を囃子と呼びますが、しかし能においては、それは正しくは器楽演奏ではありません。

「囃子」の語源は「生やす」だといわれています。「生やす」とは、土中に眠る種に栄養を与えて、その発芽を促し、発芽した植物に水や陽の光を与えて、その生育を促すことをいう言葉です。

それと同じく、結界の向こう側にいる異界の者であるシテの中に眠るエネルギーを活性化させて、この世への登場を促すのが「囃子」です。

†「あわい」の意味

橋掛かりに勾配があるといいましたが、その勾配は、そこを歩けば誰にでもわかるというものではありません。微妙な勾配を感じる、繊細な感性があって始めてわかる程度の勾配です。それがわかるためには足裏の微妙な感覚が必要です。

勾配を感じない人にとっては、橋掛かりの結界はないにも等しい。その結界は、感じるものの存在によって始めて成り立つ結界であり、境界であるのです。

これは神域の結界もそうですし、寺社の内陣と外陣を仕切る結界だって同じです。内陣と外陣を仕切る結界は、格子状になっていて穴（無）の面積の方が大きい。あっちだって丸見えだし、物理的には境界はないに等しい。それは、人々がそこを境界だと「思った」ときにはじめて境界になるという、同意によって成立する境界なのです。

縁側的な境界（あわい）は、このような「人の力」によって始めて存在し得る境界です。これが日本の境界の特徴だといってもいいでしょう。

縁側と家の内を区切るものは、何もないことも多いし、あっても薄紙が張られた障子一枚です。

しかし、そこに何もなくてもそこから先には入らないし、薄い障子一枚でも中を覗いたりもしない。人の「うち」には無断に入り込まない、という無言の合意によって存在するのが縁側的境界「あわい」なのです。

これは縁側とうちの境界だけではありません。日本の家屋は、薄い障子や襖、あるいは屏風を立てただけで仕切ります。「仕切り」というには、あまりに心もとない柔《やわ》な仕切りです。

しかし、柔だからこそ、外したり、つけたり、変幻自在。普段はいくつにも分けられた狭い居室が、結婚式や葬式になると大人数を収容する広間にと変わる。

それが日本家屋の特徴です。

それも境界が薄く、曖昧だからこそ可能なのです。

むろん、障子や襖ではプライベートなんてないに等しい。古い日本家屋の旅館に泊まったときに、新婚旅行のカップルが隣の部屋に来た日にはかなり困ってしまいます。

プライベートを重視する西洋風の建築では、個人の空間や時間を守るために、家や部屋に頑丈なドアや壁を作ります。まるで外敵を防ぐかのようです。

それに対して日本の「あわい」は、「会う」という言葉がベースになっています。人と人とが会うのが前提です。しかし、会うことは会うのですが、必要以上には相手のプライバシーは侵さないということも前提になっています。相手の見られたくない部分、知られたくない部分を見ても、見なかったことにする。

「見て見ぬふり」の文化なのです。

それは、相手の見られたくない部分は、実は自分の一部でもあるということを知っているからです。相手が知られたくないことは、実は自分も持っていることでもある。

誰にだって、人に知られたくないことや見られたくないことは、ひとつやふたつはある。

大人は、それを知っているから「見て見ぬふり」をするのです。

「人のふり見て、わがふり直せ」というのもこれです。

あわいに置かれる部分、境界に置かれる部分というのは、すべての人に共有のものです。他人の欠点や失敗を、「それ見ろ」とばかりに暴き立てるのは、境界が曖昧な日本人的では、決してない。

と、おっと話がだいぶ脱線してしまいましたが、ともかく結界をはじめとする日本の境界は、なくてある境界、あってない境界、「幻影的実在としての境界」なのです。

†橋掛かりの仕掛け

さて、もう少し能舞台の話を続けましょう。

実際に能舞台に行って見ると、橋掛かりの彼方がかなり遠くに感じます。橋掛かりそのものは、実際にはそんなに長いものではありません。しかし、橋掛かりの彼方にある幕は、はるか遠くに、まさに異界というのにふさわしい遠さにあるように感じます。

これは橋掛かりの前に植えられた三本の松が作り出す錯覚です。

客席から遠くなるにつれ（幕に近づくにつれ）、だんだん小さくなる松は「遠近法」を作り出し、橋掛かりの彼方を霞の中の異界と化します。

だからこそ、幕の彼方にシテの姿が垣間見えたとき、まさに異界からなにものかが登場してくるのを私たちは感じる、そんな効果をあの三本の松と橋掛かりは作っています。あわいの装置である「橋掛かり」の中に、またさらなる「あわい」の仕組みである結界や三本の松を入れ子のように組み込むことによって、その「あわい」自体を曖昧にする。曖昧な境界が、さらに曖昧になります。

この入れ子状の「あわいの中のあわい」である「かすかな勾配」、「幻影的実在としての結界」、「遠近法の松」、これらによって橋掛かりは決して静的な境界ではなく、動的で曖昧な境界となります。橋掛かり自体も動いているように見えるし、あわいである境界もゆらぎ、どこからどこまでが異界で、どこからどこまでがこの世かもわからなくなります。

ところがこれは、写真や設計図で見たときにはよくわからない。

橋掛かりは、ただ舞台と楽屋をつなぐための構造物であり、ただの装置であるかのように見えてしまいます。しかし、実際に能舞台で能を観たり、あるいは自分で舞台を歩いたりしたときに、その境界は動き出す。

で、舞台からうちに戻って、写真などでもう一度舞台を見てみると、そのあわいはどこかに消失してしまっている。

そんな仕組みになっています。

†おおらかな日本の身体

本章では、日本人の身体というのはおおらかであるだけでなく、境界も曖昧であるということをお話してきました。

前章で、古い日本語には「からだ」と「こころ（あるいは魂）」のように心身を二分した語はなく、その統一体として「み（身）」だけがあったと書きましたが、それも「からだ」と「こころ」との境界が曖昧であるということとも関係あるでしょう。

また前章で、女性が人前で平気で裸でいたり、温泉も混浴が当たり前だったりするのも、境界の曖昧さに保障されているからできることです。

日本は、男女の区別自体も曖昧で、「あわい」的でした。

『古事記』によれば、男女の違いは、成り成りて「成り余れる」ところがあるか、「成り合わざる」ところがあるかの違いだけです。

「成り余れる」ところと、「成り合わざる」ところが「あわい」＝境界です。そして、セックスとは、その境界を共有することなのです。境界の共有なわけですから、そりゃあ、性的におおらかなのもうなずけます。

男色だって女色だって両方ありだ。バイ・セクシャルは江戸時代まではふつうでした。

江戸時代の武士の心得を書いた『葉隠』にある「恋の至極は忍ぶ恋を見つけたり」の恋の相手は男でしたし、『好色一代男』の世之介だって、五十四歳で好色丸に乗り込んで女だらけの「女護が島」に船出をするまでの間に関係をもった女性が三千七百四十二人、男は七百二十五人と書かれています。

男女の区別の曖昧さは、神様の性別の曖昧さにも広がります。

日本の最高神のひとりである天照大神は基本的には女神です、しかし男神としても扱われています。

また、英雄が女装して敵将を倒すなんて話は西洋の英雄物語ではあまり聞きませんが、我が国最大の英雄のひとりであるヤマトタケルは女装どころか酌婦の真似までして敵を倒します。鬼と恐れられた源義経だって牛若丸のときには、女装して弁慶と戦いました。

こういうおおらかさは、境界の曖昧さが作り出しているのです。なんともおおらかな昔の日本でした。

第3章

溢れ出る身体

殺生石

†溢れ出す身体

前章では、人と人との境界が曖昧になるということをお話してきました。

本章では、その曖昧さがさらに拡張して、身体が環境に溢れ出してしまい、さらにはそれによって身体と身体との同調が起きるという話をしたいと思います。

前章で紹介した能『定家』でも、シテとワキとの会話が盛り上がって、「地謡」に引き継がれたあとでは、シテである里の女性の心情も、ワキである旅僧の心も何も描かれていず、風景が描かれるという特徴がありました。

シテ・ワキという自他の境界が曖昧になって、ついにはふたりの身体は環境に溢れ出してしまうのです。

このような例は能の中にはたくさんあります。

能『殺生石《せっしょうせき》』は、狐が化けた〝玉藻《たまも》の前〟という美女の亡霊をシテ、そして強い法力を持つ玄翁和尚をワキとする能です。タイトルの『殺生石』とは文字通り生き物を殺生するという恐ろしい石。実はこの石は、美女、玉藻の前の霊魂が凝固して石になり、近くを通るものならば人間はいうに及ばず、鳥や獣、その他あらゆる生物を殺してしまうという恐ろしい石なのです。

そこを通ろうとする玄翁和尚、それを止める里の女（実は玉藻の前の亡霊）の会話からこの能は始まりますが、そのふたりの会話がだんだん盛り上がり、そしてそれを受けた「地謡」では、ふたりの存在は消えて、ただただ、風景が謡われます。

地謡「那須野の原に立つ石の。
　那須野の原に立つ石の。
苔に朽ちにし跡までも。
執心を残し来て。
又立ち帰る草の原。
もの凄《すさま》しき秋風の。
梟《ふくろう》松桂《しょうけい》の。枝に鳴きつれ
狐《きつね》蘭菊《らんぎく》の花に隠れ住む。
この原の時しも
ものすごき秋の夕かな

秋の凄寥たる景色、

そこに立つ石、殺生石、
そして石にこびりつく苔、
寒々とした草原に吹く秋の風、
松や桂の枝に泣くフクロウの声、
そして蘭菊の花に隠れ住む「狐」。

この狐や執心という語に、玉藻の前の姿がちょっと隠されてはいますが、しかしそのような細かな見方ではなく、この風景全体がすべて、シテでありワキであり、そしてふたりの「思い」である、そう感じた方がいいでしょう。

これは、同じ地謡(コロス)を持つギリシャ劇と比較してみると面白い。

同じギリシャ劇のコロスといっても、たとえばアイスキュロスとソポクレスのふたりだけを比べてみてもだいぶ違います。その違いを述べていくのは本書の範囲ではありませんが、しかしその役割が控えめであるソポクレスのコロスでも、演劇的な性格は能の地謡に比べれば格段に高く、ただただ風景を歌うということはほとんどありません。

能では、ふたりの会話がピークに達したときには、ふたりの心情でも、ふたりの行動でも、またふたり自身のことでもなく、情景・風景が謡われます。会話するふたりの間の境界がなくなり「思い」に達し、それがさらに進むと、ふたりどころか環境との境界も曖昧になり、ふたりは環境と一体化してしまうのです。

そして観客である私たちは、地謡によって謡われる風景の中に、ふたりの「思い」や、そして何より自分自身の「思い」を感じるのです。

†情緒

風景の中に「思い」を感じる、これは私たち日本人にとってはふつうのことです。

しかし風景が詠われる詩を読んで、「この風景はどのような感情を表現しているか」などということを問う必要はありません。「こういう感情だ」ということができれば、それはその感情表現を使えばいいのであって、わざわざ風景を詠むこともないし、それ以前に歌（韻文）にする必要がない。

歌（韻文）にするのは、それによって表現したいこと、あるいは同調してほしい「思い」が、既成の感情表現の言葉では表現し切れないからです。

そして、風景を見れば自然に深い感情である「思い」が湧くものであり、さらにそれをほかの言葉で置き換えようとすると違うものになるということを知っているからです。

風景によって呼び起こされる感情がひとりひとり違うように、あらゆる感情は人によってひとりひとり違い、「これが正しい感情だ」というものはありません。しかし、その感情の深部にある「思い」においてはすべての人も、そして風景すらも同じです。「思い」を言語化することはできませんが、風景を読むことによってそこに近づくことができるのです。

風景や万物によって、感情を表現しようとすることは、たとえば「ハトは平和の象徴である」というときの「象徴」とはまったく違うところにあります。

熊本（益城町《ましき》）にある浄土真宗の阿弥陀寺さんで開いている寺子屋では、毎回、みなさんと一緒に唱歌や童謡を歌います。

歌う前に、一度、ゆっくりと朗読をするのですが、『朧月夜』を朗読したとき、この歌詞には感情表現がひとつもないということに気づいて驚きました。

歌詞を思い出してみましょう。まずは一番。

一、菜の花畠に、入日薄れ、
見わたす山の端《は》、霞ふかし。
春風そよふく、空を見れば、
夕月かかりて、にほひ淡し。

感情表現はひとつもありません。次いで二番。

二、里わの火影《ほかげ》も、森の色も、
田中の小路をたどる人も、
蛙《かはづ》の鳴く音も、鐘の音も、
さながら霞める朧月夜。

（『朧月夜』文部省唱歌　作詞高野辰之　作曲岡野貞一）

二番も、ただただ風景が書かれるだけですが、この二番は特にすごい。

朧月によって霞むものとして列挙されているものは物体ではありません。まず「里わの火影」と「森の色」という光や色。しかも、暗闇にぼっと浮かび上がる淡い光です。そして「田中の小路をたどる人」という動体、さらには「蛙の鳴く音」も「鐘の音」もという音。それらが朧月によって霞むというのです。

音すらも朧月によって霞む、もうこれは共感覚です。

なんという日本人の感性。

感情などひとつも歌っていないのに、皆さんとこの歌を歌うと、うっすらと涙を浮かべる方までいらっしゃる。子どもの頃の記憶が呼び起こされることもあるでしょうが、しかしそれだけではありません。歌詞に歌われる景色、それも今は失われてしまった景色に刺激されて、私たちの中の「思い」が湧き出てくるのです。

あるきっかけによって、奥に隠れている深い感情である「思い」が出てくる。その糸口を、「感情の糸口（緒）」、すなわち「情緒」といいます。

私たちは、風景の中にそのような「情緒」をたくさん持っています。風景の中の、その糸口（情緒）に刺激されて、私たちの感情も風景の中に流れ出てしまうのです。

しかし、これは一方通行ではありません。感情の糸口である「情緒」を通って、溢れ出した風景そのものも私たちの中に入ってきます。

「懐かしい」とか「悲しい」などという感情表現の言葉を使う必要は一切ありません。ただ、ただ風景を詠うだけでいい。それが日本の歌の特徴なのです。

風景は、私たち人間と別に存在するのではなく、互いがその一部となって、お互いに溢れ出ながら、そのあわいを曖昧にしているのです。

✝自然をうたう

このような歌の詩だけでなく、短歌や俳句を詠むときにも感情表現をあまり使わず、「自然をうたう」という方法を採用してきました。

日本の韻文では「悲しい」とか「嬉しい」とかいうような感情表現を使うことは野暮です。私たちの感情は、「悲しい」とか「嬉しい」とか、そういうわかりやすいものではありません。そういう言葉では表現できない「思い」、それを表現するのに風景をうたったのです。

しかし、そのような、ただ自然を歌っただけの詩というのは、日本人以外にはなかなか理解されにくいようで、俳人の黛まどかさんが一年間パリで俳句を教えていたときにも、だいぶ苦労されたそうです。

黛さんのパリ滞在の最後にワークショップがあり、能の笛方の槻宅聡さんと一緒に鼎談をしたのですが、そのときにも「フランスの人たちの俳句から『私』を取るのに苦労をした」というお話をされていました。

日本の短詩である俳句や短歌の中に「私」を詠み込むことはほとんどありません。「私」どころか、私の感情や思いなど、一人称を詠み込むこと自体があまりない。あれば、それは特殊な効果を狙ったときだけです。

ところがフランスの人たちは、俳句の中にすぐに「私」を入れてしまうらしいのです。「『私』を入れないように」と指導して数カ月、やっと俳句の中から「私」が消えたと思ったら、「この雨は私の象徴で」などと言い出す始末とか。

風景に対する感性の違いを感じるのは、俳句を作るという作業だけではありません。海外でのワークショップで、自然を詠んだだけの詩を示し、その意味だけを通訳の人に訳してもらったりすると、受講している人たちからは「え？」という顔をされます。何がいいのか、全然わからないといういいます。

たとえばこのような歌（まずは通訳の人が参加者に伝えるように散文で紹介します）。

「東の野に陽炎が立った。振り返ると月が傾いていた」

英訳も紹介しましょう（出典『Tr. Nippon Gakujutsu Shinkokai, loc. cit.』）。

On the eastern plain,
the purple dawn is glowing.
While looking back
I see the moon declining to the west.

これは柿本人麻呂の歌で、原文はこうです。万葉仮名もあげておきましょう。

東《ひむがし》の野に炎《かぎろひ》の立つ見えてかへり見すれば月傾《かたぶ》きぬ
東野炎立所見而反見爲者月西渡

巻一（四十八）

名歌として名高い歌です。

『万葉集』は、漢字だけで書かれているので、正しくはどう読むかは本当のところはわかっていません。この歌なども、諸説あって、いまの読みに落ち着くまでにかなりの時間がかかったようです。いまの読みは賀茂真淵《かものまぶち》（江戸時代）によるものです。

「月西渡」を「月かたぶきぬ」と読むのは、かなり大胆です。

原文の漢字の字面だけを追ってみると「東の野に炎が立つのが見え、振り返って見れば月が西に渡っている」という意味であり、先ほど紹介した散文訳とあまり変わらなく見えます。

東は炎（陽炎）、西は月とその対比だけのようですが、しかしよく見ると東の野の炎の方は「見る」に「所（受身）」がついて「所見」となっています。これは、こちらから見ようとしたわけではなく、見せられたというニュアンスがあります。強い光なのでしょう。その光によって、思わず、そちらを見てしまった。

しかし、「月西渡（月かたぶきぬ）」の方は、顧み（振り返り見る）なども して自分の意志で見ています。しかも「西渡」という語には、月が西に渡ってゴーッと中空を移動するという動きすら見えるので、人麻呂が長い時間じっと動き行く月を見ていた、そんなニュアンスも感じられます。

さらに、その両者をつなぐ「かへり見すれば」の原文「反見為」には、わざわざ「為（する＝Do）」がついていて、この「返り見」に強い動作性も感じます。

しかし、なかなか一筋縄ではいかない歌で、斎藤茂吉などは「犯すべからざる大きな歌」だと、はっきり言い切っていますし、現代の注釈者のほとんどはこの歌を名歌だといっています。

しかし、茂吉の師匠でもある伊藤左千夫は「凡作とは云へないが、内部の組織に欠点が多く、稚気を脱せぬ歌と云はねばならぬ」と、かなり手厳しい。

この歌の欠点だと伊藤左千夫がいうのは、特に作者の「懐想」がよくわからないところです。作者である人麻呂が、その「光景」に憧憬したのか、前夜からの旅寝に「時間の推移」を嘆息したのか、「主なる感じ」がはっきりしないのが、読者の感興を惑わせるというのです。

しかし、茂吉は先生である伊藤左千夫の「稚気を脱せぬ歌」という評は「やや酷ではあるまいか」といいます。人麻呂は「かく見、かく感じて、詠歎し写生しているのであるが、それが即ち犯すべからざる大きな歌を得るゆえんとなった」と茂吉はいいます。

そして、作者の「懐想」がよくわからないという左千夫に対して、「全体としてそういう感情（古へおもふ）が奥にかくれている」というのが茂吉です。

ちなみに伊藤左千夫は江戸末期の生まれ、茂吉は明治です。西洋からの大量の文化・文明の洗礼を受けた伊藤左千夫が日本古来の価値観の強い歌を否定したのは、戦後の文化人が日本文化を否定したのに似ています。

伊藤左千夫が否定した、「景色の中に感情が隠れているという」茂吉の読みが、日本人古来の読み方なのです。

†あわいで考える

「景色の中に感情が隠れている」のは、私自身と景色との間の境がないからです。これは抽象的な話ではありません。自分自身と環境との一体化を感じることは（少なくとも私は）よくあります。

たとえば、何かものを考えようとするときに、自然の中を歩くと、いい考えが生まれてくることがあります。

自然の中でなく、街なかを歩いているときには、自分の意思や思考が外側は向いていま す。自動車や歩行者なども気にしなくてはならないし、看板や音楽などが私たちの注意を無理やりに外に外に引きずり出します。

昔の哲人は歩きながら思索をしたといいますが、都市では歩きながらの思索なんてとてもできたものではありません。

そこで仕方なしに部屋に閉じこもったりする。しかし、部屋での思考は、今度は内側に入りすぎてしまって、これまたダメです。文字通り「机上の空論」になることが多いのです。思考が思考を呼び、身体的な思考ではなく、頭の思考になってしまう。「おお、いい考えを思いついた」と思っても、「じゃあ、それをやってみろ」といわれるとできない。そんな思考に陥りがちなのです。

そんなときに自然の中を歩く。

聞こえてくるのは川のせせらぎや鳥の声。海ならば潮騒や松籟だけ。遠くで人の声がすることもありますが、自然の中では人の声も自然の一部となっているのであまり気にならない。なんといっても自動車にはねられる心配も、歩行者にぶつかる危惧もないのがいい。

眼に映るものといえば木々や水や空や雲だけです。幸い私は植物に疎いので、「この樹は何の樹だ」とか「この花は何の花だ」などという余計な詮索をしなくてもいい。

そうすると、ちょうどいい感じで思索ができます。

自分のからだの半分くらいが自然の一部になっている。自然と自分の内面との「あわい」に自分の存在があり、頭も使えて、身体の感覚も使えて、ちょうどいい感じでいられるのです。

前章で、「考える」の語源を「か身交ふ」だと書きましたが、まさに環境と自分の身体とが交わる感覚、それが自然の中を歩いているときなのです。

温泉につかったときも、これに近い感じがあります。

お湯につかりはじめたときには、お湯と身体との間にあった違和感が、ゆったりとつかっていると、身体とお湯との境もなくなるのを感じます。ゆったりつかるならば、やはり露天風呂です。

長い時間つかっていてものぼせないし、自然の中にある露天風呂が多いので、自然を感じることもできます。

実は本書や前著『あわいの力』の内容は、熊本の阿弥陀寺さんでの子どもたちとの合宿のときに、能の笛方の槻宅聡さんと露天風呂で話しこんだことが元になっています。露天風呂でのゆったりした思考や会話は、本を一、二冊生むほどの力があるのです。

†草木国土悉皆成仏

海外の温泉も私は好きなのですが、このような気分になれる温泉はあまりありません。アイスランドの温泉も、北欧のサウナもなかなかいいのですが、それでも自然と一体になる、という意味では日本の温泉に遠く及びません。

西洋で自然といえば、ルソーの「自然に帰れ」ですが、これだって、私たちがいう自然と一体になるのとは全く違います。

しかし、考えてみれば、この「自然と一体になる」ということ自体が、変といえば変です。だいたい、人間には意思もあるし、行動もする。しかし、草木国土のような自然には意思がない。一体になんてなれるわけがありません。

しかし、日本人はずいぶん昔から「自然と人とは同一体だ」と考えていたようなのです。「草木国土悉皆成仏」というものがあります。

「草や木や国土までもが、ことごとく皆、成仏をする」という意味で、能にも何度も出てくる重要タームです。

たとえば能『半蔀《はじとみ》』。能『半蔀』は、『源氏物語』の「夕顔」の巻がもとになった能です。

この能のシテは夕顔の君の亡霊であるとともに、夕顔の花の精霊でもあるというちょっと複雑な存在です。シテ（主役）が女性であり、しかも同時に花でもあるというのは不思議ですが、しかしこれが能になるとそこら辺がどうでもよくなるから、これまた不思議。

能『半蔀』は、夏安居《げあんご》を終えようとする僧が、夕顔の花に向かって花供養をするところから始まります。

僧は花に向かって次のように謡いかけます。

「敬って申す立花供養のこと。右非情草木心なしといえども、その心うちに優れ、この花光陰に開けたり」

草木には心がないように思えるが、その心は、私たちの目には見えない内にある。そう謡って、「草木国土悉皆成仏」と花に向かって、その成仏の因縁を謡いかけつつ祈りをします。

「草木国土悉皆成仏」という言葉は、大乗の『涅槃経《ねはんきょう》』という仏教経典にある「一切衆生悉有仏性」というものがもとです。「一切の衆生は仏性を持つがゆえに、成仏ができる」という意味ですが、『涅槃経』のこの「一切衆生悉有仏性」も能に出てきます。

この「一切衆生悉有仏性」と能『半蔀』の「草木国土悉皆成仏」は一見似ているように

見えますが、しかし『涅槃経』の「一切衆生」には草木は含まれていません。成仏できるのは人間、あるいは動物までです。

それが草や木などにも、私たちと同じ仏性があり、成仏できるという考えは、どうも日本で完成されたものらしいのです。

中国にも老荘思想にはそのような考え方があるし、中国仏教にもそのような文脈はありました。しかしここまで徹底して「人間も草も木も、そして国土もみんな同じ」というのは、日本ならではの発想です。

しかも、これは仏教伝来とともに徐々に出来上がったというわけではありません。平安時代の最澄や空海にはすでにこの思想はあったので、日本式の仏教ができたときには、この思想はすでに出来上がっていたということになります。そして、鎌倉時代になると、親鸞などははっきりと「草木国土ことごとくみな成仏す」（『唯信鈔文意』）と説くようになり、「草木国土悉皆成仏」は日本仏教の前提となった感すらあります。

そしてその思想がベースになって、能では植物も昆虫もみな当然のように成仏するのです。

これが日本で特に発展した思想であるということは、仏教独自の考えではないということを示唆します。

実際、能『淡路』の中には「山河草木国土は皆、神の恵みに作り」云々という詞章があります。『淡路』は神様がシテの能ですから、即身成仏ではなく、神の恵みとなっています。

日本にはもともと「自然も僕たちも一緒だもんね」という感性があって、『涅槃経』の「一切衆生悉有仏性」が日本に入ってきたときに、それらが融合して「草木国土悉皆成仏」になったのではないでしょうか。

†思いが溢れる

さて、本章の最初に、シテとワキの会話が盛り上がると、ふたりの身体は環境に溢れ出すということを書きましたが、思いが強い場合は、ひとりでいてもその身が環境に溢れ出すということがあります。

短歌を紹介しましょう。

慰めし月にも果ては音をぞ泣く　恋やむなしき空に満つらむ

（月の動きに慰めていた私の心。月が消え果てた、その果ては大きな声をあげて泣いてしまった。泣きつかれて空を見ると、真空状態になった中空に私の「恋」が充満している：顕昭

法師）

これは自分の「恋」が、体内から溢れて中空に充満してしまうという歌です。作者は顕昭法師ですが、彼が女性のつもりになって歌っている歌です（歌謡曲やＪポップでもよくある、男性の作詞者が女性が歌う歌を作るようなものです）。

昔の恋は「待つ恋」でした。恋人が来るのをじっと待つ。時計もない時代、なかなか訪れてくれない恋人を待つときに頼りになるのは月だけです。

「あの月が、あの松の所まで来たら彼の人はいらっしゃる」

しかし、来ない。

「では、あの月が、山の中腹にかかったら」

などと自分を慰めているうちに、いつの間にか月はなくなってしまっていた。

「月にも果ては」という言葉には、「月が果ててしまう」と「その果てに」が集約されています。

すると彼女は「音をぞ泣く」、すなわち大声を上げて泣いてしまうのです。

大人になると、号泣をするという機会もなくなります。しかし、子どものころを思い出せば、大声で泣いたあとは頭がぼんやりして異界に迷い込んでしまったような気持ちになったのを思い出すでしょう。

彼女もそうです。しばらく号泣したあと、声も涙も枯れ果てて、頭もぼんやりしたそのときに、涙に濡れた目で空を見る。

すると「むなしき空」、すなわち真空になった中空には、まるで吸い出されたかのように、自分の体内から噴出した「恋」が満ち満ちている。

そんな歌です。

「恋」が中空に充満しているというのを幻視する。彼女の精神状態はかなりアブない。自分の中のすべての恋の思いが中空に吸い出され、抜け殻になってしまった彼女を待つのは「風狂《かぜ》ず」、すなわち「狂気による死」でしょう。

†もの思い

また、和泉式部の歌も、思いが外に溢れる歌としては有名です。

物おもへば沢の蛍も我が身よりあくがれいづる　魂かとぞみる

（物思いをしていると、沢を飛ぶ蛍も、我が身から抜け出した魂のように見える『後拾遺集』雑六）

「物おもへば」と始まるので、彼女はなにか「もの思い」をしています。

「もの思い」というのは、何を思うでもなく、ただ何かを思っていることをいう言葉です。

「もの」という語は、不思議な言葉です。「もの」というと物質のようにも思いますが、古語の「もの」とは、「これだ」とはっきり示せない抽象的なことを指すことが多い。

前章で紹介した能『定家』では「ものあはれ」という語が出てきましたし、本居宣長は「もののあはれ」といいました。「ものの怪」という言葉も、具体的に何の妖怪ということはわからないけれども、なにかよくわからない怪異をそういいました。方言などでは、「もの」だけで妖怪や魔物をいうことが多いのですが、これもはっきりわからないものが「もの」だからです。

ですから和泉式部がしていた「もの思い」も、たとえば誰からか「何を思っているの」と聞かれて「これを思っている」と答えることができない、そんな漠然としたもの思いをしているのです。

しかし、これはぼんやり何かを「考えて」いるのではありません。

「思い」は「こころ」の深層にあるということを第2章でお話しました。刻々と変化する「こころ」の深層にある、普遍的な心的機能であり、なんらかの欠落や空洞感をいいました。具体的には、「恋」や「悲しみ」などによって、心の中にぽっかりと空いてしまった空洞であり、自分ではどうにもできないことを「思い」といいました。

その空洞を抱えたまま、彼女は沢を眺めている。

ふと気づくと、沢一面に無数の蛍が光りつつ飛ぶ。それを彼女は自分の「魂」と見た。

前歌の、中空に充満する「恋」は、ここでは蛍という具体的な形を取って沢を飛び交っているのです。

†あくがれる

和泉式部の歌では、沢の蛍を自分の身から「あくがれ」出た魂だと詠っています。

「あくがれる」という言葉は、現代では「あこがれる」という言葉になっていますが、アイドルに「憧れる」というときの言葉のもつ可愛らしい響きと、和泉式部の体外離脱の蛍とではだいぶ違います。

「あくがれる」の「かれる」は、能『定家』のときにお話した「かれがれ（枯れ枯れ＝離れ離れ）」の「かれ（離れ）」、すなわち自分の身体から何かが離れてしまうことです。

和泉式部の身体からあくがれ出たのは「魂」でしたが、和歌の世界では「心」があくがれることも多い。心があくがれると、身はここにありながら、意識はどこか別のところに飛んでいってしまうのです。

またひとつ短歌を紹介しましょう。

出家をし、俗世のあらゆる執着から自由になった西行法師。彼は「花の歌人」と呼ばれるだけあって、花＝桜にはその心をもどうすることもできなかったようです。

こんな歌を詠っています。

あくがるる心はさても山桜ちりなん後や身にかへるべき
（花を求めてさまよい出た心は、山桜が散ったあとに、私の身体に戻って来るだろうか『山家集』上・春）

西行の「心」は、山桜を求めてその身体から離脱して、ふらふらと山を浮遊している。桜が散れば、またこの身体に戻って、心身がそろった「もとの身」になるだろうかと詠っています。

同じく僧侶である素性法師も、花が散らなければ我が心は千年もの長い間、あくがれ続けるだろう、などという歌を詠っています。

いつまでか野辺に心のあくがれむ花し散らずは千世もへぬべし
（いつまで桜の咲く野辺に、私の心はさまよい続けているのだろうか。もし花が散らなかったなら、千年もそのままでさまよい続けているにちがいない『古今集』下・九六）

心は特に花（桜）に弱いようです。

西行や素性法師の歌を読むと、中学、高校の頃を思い出します。暖かい窓辺の席に座っていると、授業中に心がどこかに飛んで行って、さまざまに逍遥遊する。先生に注意されて「はっ」と現実に戻る。

身体はここにありながら、心はどこかをさまよっていました。

†幽体離脱

中国の道家の古典『荘子』に出てくる、古代の学者、南郭子《なんかくし》綦《き》も、すぐに心がどこかにさまよい出ます。

弟子の顔成子《がんせいし》游《ゆう》が先生である南郭子綦を見ると、先生は几に身を寄せ掛け、天をあおいで大きな呼吸をしています。まるで「魂」を失った人のようです。

顔成子游がひとりごちる。

「先生はどうされてしまったのか。姿はまるで枯れ木のようで、心はまるで死灰のようだ。いま几に身を寄せている先生は、先ほどの先生とは全く別人のようだ」

その声に意識が戻った南郭子綦は「よく気がついたな」と弟子にいいます。

「いま私は自分を喪っていたのだ。お前にも分かったか」

『荘子』では、ここから人籟(人の笛)・地籟(地の笛)・天籟(天の笛)の話になるのですが、その話は今回はちょっと措いておき、さてこの話から始まる『荘子』の「齊物論」篇の最後は「荘子、胡蝶の夢」で締めくくられます。

夢で蝶になった荘子が、ひらひらと飛んでいると、なんだか楽しくなって、自分が荘周(荘子の名)であることを忘れてしまう。

そして突然、目が覚めると、なんと驚くべきことに自分は荘周であった。

そんな話です。

「齊物論」篇全体を、枯れ木のようになっていた南郭子綦の魂の「あくがれ」の一篇と読むこともできるでしょう。そうなると、夢の胡蝶は荘子でもあり、南郭子綦でもあり、ふたりの境界すらも曖昧になります。

桜花に「あくがれた」西行も素性法師も、南郭子綦のように、抜け殻のからだはそこに置いて、荘子よろしく胡蝶となって花に戯れていたのかもしれません。

†夢にあくがれる

荘子は自分の夢の中であくがれ出ましたが、他人の夢にあくがれ出ることもあります。『伊勢物語』の話です。

密かに通っていた女性から「あなたが夢の中に現れました」と言ってきたので、男は彼女に歌を送ります。

思ひあまり出でにし魂のあるならむ夜深く見えば魂むすびせよ

（君が夢に見たというのは、恋しさに思いあまって私の身から出ていった魂があるんだろうね。これからもし夜深い時刻に私の魂が見えたならば「魂結び」をして下さい）

『伊勢物語』の男は、相手の夢に現われた自分を、私の身からあくがれ出た「魂」と考えたのです。そして次回からは私の魂を「魂むすび」してほしいとお願いします。

「魂結び」とは、人魂《ひとだま》をとらえて、封じ込める呪術です。

もし人魂を見たならば、「魂結びの歌」を三遍唱えて、男は左の褄、女は右の褄を結んで、三日後にこれを解くと魂結びができる。そう、『袋草紙』（藤原清輔）に書かれています。魂を封じ込める魂結びの歌は次の歌です。

魂《たま》は見つぬしは誰《たれ》とも知らねども結びとどめつしたがひのつま

（人魂を見た。誰の人魂か知らないけれども、着物の褄を結んで、その魂は、もうここに閉じ込めた『袋草紙』「誦文の歌」「人魂を見る歌」）

これは浮遊する魂を結び留めるための呪《まじな》いの歌で、これを誦して、その褄を三日間結ぶことによって、魂を閉じ込めることができます。

『伊勢物語』では、そのようにして私の魂を結び留めてほしいと歌っているのです。現代では、自分の夢に恋しい人が出てきたら、自分が相手のことを思っているからだと思われていますが、当時は全く逆で、相手の魂が身体をさまよい出たと思われていたのですね。

†実体化

あくがれ出た魂は夢に現われるだけでなく、生霊として実体化することもあります。

能『葵上《あおいのうえ》』は、『源氏物語』の「葵」の巻が出典の能です。シテは六条の御息所《みやすどころ》の生霊。彼女が光源氏の正妻である葵上を呪い殺しに来るお話です。

光源氏の正妻である葵上が病気になってしまった。どのような貴僧・高僧の祈りも効かない。

「これは六条の御息所の生霊か、あるいは父である故・大臣の死霊が憑いているのではないか」

そのような噂が流れるのですが、それを当の六条の御息所が聞いてしまいます。六条の御息所としては、自分が葵の君を呪っているなどという記憶もないし、気持ちもない。しかし、「物思いがつのれば、魂が体から離れることもあるという」と彼女は不安になります。

能『葵上』のツレは梓の巫女。彼女が霊を招く呪物「梓弓」を鳴らしながら呪詞を唱えていると、六条の御息所の生霊が現れて思いの苦しさを静かに語ります。が、突然、狂気となったかのように彼女は寝ている葵上を打ち据えて、どこかへ消えてしまい、葵上の病はいよいよ重くなります。

そこで招かれるのがワキ、横川の小聖。役の行者の跡を継ぐ横川の小聖が祈っていると、六条の御息所の生霊が再び現われ、葵の上を呪い殺そうとするのですが、小聖の法力によってその心を和らげて、成仏得脱の身となる、というのが能『葵上』の物語です。

ちなみに『源氏物語』では、このようなハッピーエンドにはならずに、六条の御息所は葵上を呪い殺してしまいますが、葵上が苦しみの最中に「僧たちの祈祷の声を少し緩めてください。源氏の大将に申すべきことがございます」と頼むところがあります。人々は、葵上が最期の言葉を光源氏に残すのだろうと思い、僧は祈祷をやめて声を静めて法華経を読誦し、光源氏だけを残して余人は座を外します。するとと葵上が源氏に向かって話しかけはじめるのですが、しかしその声は彼女の声ではない。生霊の声でした。

いで、あらずや。身の上のいと苦しきを、しばしやすめたまへと聞こえむとてなむ。かく参り来むともさらに思はぬを、もの思ふ人の魂は、げにあくがるるものになむありける

「祈祷をやめてもらったのは、苦しくてたまらないから法力をゆるめてもらおうと思ってのこと。私だってこんな風に出てこようとは思っていない」といいます。

そして「物思いをする人の魂は、ほんとうに身からあくがれ出るものなのですね（もの思ふ人の魂は、げにあくがるるものになむありける）」といい、歌を詠みます。

嘆きわび空に乱るるわが魂を結びとどめよしたがへのつま

先ほどの『伊勢物語』の歌に似ています。ただ、こちらの魂は「空に乱るる」魂です。身からあくがれ出た魂は、恋しい人の夢に出ることもできない。ただ中空に浮遊する。そんな空しい魂です。

恋が中空に満ち満ちているという歌を紹介しましたが、それも思い出します。かく浮遊する我が魂を「魂結びをして留めてください」と、六条の御息所は源氏に頼んでいるのです。

†溢れ出る死者の声

思いが溢れ出るといえば死者もそうです。

能という芸能は、溢れ出た死者の思いを掬い取って聞くということを、その基本構造としている芸能です。能の主人公であるシテの多くは、なんらかの思いを残してこの世を去った人です。その溢れた思いに共感しそうなアンテナを持った人（ワキ）が、彼の死の場所を通りかかったときに、それに引かれて、死者は再びこの世に出現します。

私たち生者も、ふだんは抑圧している「溢れる思い」を、たとえばお酒を飲んだり、旅行に行ったり、お祭りに参加したりして、ときどきは外に出すように、死者たちの溢れる思いをときどき外に出し、その思いを聞くことによって、その爆発をとどめる、そういう習慣・儀礼を芸能化したのが能です。

しかし、死に臨んだときの思いが強すぎる場合は、ただ呼び出すだけではだめです。彼らは怨霊となってこの世に祟る可能性がある。昔の日本人はそう考えていました。

たとえば菅原道真、たとえば平将門、たとえば崇徳院などなど。日本の歴史を眺めれば、怨霊と化した死者はたくさんいます。そういう強力な死者には、その怨霊の鎮魂が必要になり、それを仰せつかった人も怨霊以上にたくさんいます。

怨霊が祟る対象は、主にその死に関係した人たちです。彼の死に責任がある人や、その死に負い目のある人の本人に祟ったり、あるいは子孫に祟ったりします。

「じゃあ、祟りといったって、それは自分に負い目があるから祟られているような気がするだけじゃないのか」ということもできます。単なる「気のせい」だと言うこともできるでしょう。

しかし、それはいわゆる「気のせい」とはちょっと違います。「気のせいだから気にしなくてもいいよ」といわれても、祟られるものは祟られます。

死者はまさしくここに存在しているのです。

ただ、死者は、たとえばコップや山や私のようには存在していません。私たちの知っている形としてではなく存在しているものは私たちの周りにはたくさんあります。

たとえば夢の中の人物や風景もそうです。夢に現われるものには実体はありませんし、夢を見たということを証明することも不可能です。しかし、夢はそこに存在していますし、誰がなんといおうとも「私」は夢を見ています。しかし、夢を見ないという人もいます。そういう人に夢を見るということや、夢とはどのようなものであるかを説明するのは難しいでしょう。

怨霊や死者の存在に対する議論も同じです。そこですべきことは議論や説得ではなく、相手の立場を尊重することです。

アマゾンの奥地に暮らす少数民族ピダハンと彼らの言語について書かれた『ピダハン』という本があります。

その著者、ダニエル・L・エヴェレットは、宣教師としてピダハンの暮らす地に赴任しました。

ある朝、ピダハンの村で目を覚ますと、ピダハンの人たちがみな大声をあげたり、手を振り回したりしていました。

驚いたダニエルが「何事だ」と訪ねると、ダニエルのピダハン語の師が森を指さして「あそこにいるのが見えないのか？」というのです。しかし、ダニエルには何も見えない。彼の六歳の娘であるクリステンにも見えない。

しかし、そこにいるピダハン全員は、精霊イガガイーがそこに見えるといいます。ダニエルたちには見えなくても、ピダハンの人たちには精霊は見えるし、そして確かに「いる」のです。

ダニエルは、彼の育った西洋文化とピダハンの文化とでは、現実を捉えることのこんなにも違うことに驚きつつも、しかし「わたしには、川岸には誰もいないとピダハンを説得することはできなかった。一方彼らも、精霊はもちろん何かがいたとわたしに信じさせることはできなかった」と書きます。

ピダハンにとっての精霊は、私たちが「見える」というときの見えるとは違う見え方で見えるのです。それは夢を見るときに、眼球などの器官を使わないのにも似ているかも知れません。

夢を見たことがない人に夢を説明するのが不可能なように、精霊イガガイーが見えない人にそれが見えるということを説明するのも無理です。

しかし、だからといって「いない」ということにはなりません。死者もそうです。死者は、私たちが知っているような仕方で存在はしていません。

内田樹さんは、死者は「存在するとは別の仕方で」生きる者たちに「触れる」と書きます。

そんな死者たちは、ある日突然溢れ出るように私たちに触れてきます。思い出そうとしなくても、ふと溢れ出てくる「思い出」のように死者たちは忽然として溢れ出てきて、私たちに語りかけてくるのです。

そんな私たちに触れてくる死者の声を聞く、それが能という芸能なのです。

†あぶれ者の英雄その1

溢れ出る者は、怨霊のように私たちに祟るだけではありません。溢れ出た祖霊は、私たちを守ってくれます。共同体を救う英雄の多くは「溢れ出る者」です。

日本神話の英雄たちはみな「溢れ出る者」です。この溢れ出る者を「あぶれ者」といいます。「溢れ」と「あぶれ」は同じ言葉です。

神話・伝説の英雄だけでなく、たとえば渡世人のようなあぶれ者も、英雄として迎えました。清水の次郎長、国定忠治、沓掛時次郎《くつかけときじろう》、平手《ひらて》造酒《みき》等々。遠山の金さんだってそうです。私たちは、あぶれ者に英雄性を感じるようです。

あぶれ者とは、なにかが溢れんばかりに満ちている者です。満ち満ちている彼らの才能や思いや活動が外に溢れ出してしまったとき、彼らは「あぶれ者」と呼ばれます。社会から見れば、彼らは無法者であり、乱暴者であり、ならず者であります。人々からは持て余される存在です。前章でお話したワキが「欠落の人」であるのに対し、あぶれ者たちは「過剰の人」です。より正確にいえば「過剰」という欠落を持った人たちです。そんな彼らが英雄になります。

そんな英雄を日本神話の中からふたり紹介しましょう。

まずは、日本神話の英雄の第一号、スサノオノ命《みこと》です。

スサノオノ命は大蛇、ヤマタノオロチを退治して櫛名田姫とその両親、そしておそらくは彼らの属する共同体を救済しました。

しかし、スサノオはオロチ退治をして英雄になるまでは、手がつけられない、大あぶれ者でした。

スサノオは三人兄弟の末弟です。姉はアマテラス（天照大神）、兄はツクヨミ（月読命）。お兄さんのツクヨミは『古事記』の中ではなんとも影の薄い存在ですが、しかしお姉さんのアマテラスは日本国を代表する神となる超エリート神です。

しかし、この三兄弟。第1章で紹介したように現代的な目で見ると、出生が不遇です。

「母なし子」なのです。それも生まれたときからお母さんがいないという、絶対的な意味での「母なし子」です。

父はイザナギノ命。妻であるイザナミを追って黄泉の国に行った、その穢れを祓おうと禊をしたときに生まれたのがこの三兄弟なのです。すなわち三兄弟は、お父さんひとりの体から生まれた子どもたちです。

父イザナギは、この三人に天地を統治させることにします。姉アマテラスには高天原、兄ツクヨミには夜の食国、そしてスサノオには海原の統治を命じました。姉と兄はその命令に従いましたが、スサノオだけは従いません。

「母の国に行きたい」といってスサノオは泣きます。お父さんにしてみても、スサノオに母はいないわけですから、なんともしようがありません。それでもスサノオはずっと泣き続けているのです。どのくらいずっとかというと「八拳須が心前に至るまで」と『古事記』には書かれています。「八拳須」というと、拳を八つ連ねたくらいの長さのヒゲです。これが胸の前に来るまでずっと泣き続けていた。

まずは、これがスサノオの第一の「あぶれ（過剰）」です。父神の命令に従わないばかりか、成人になっても泣き続けていたのです。過剰すぎる過剰です。

そんなスサノオを父イザナギは神の国から追放します。父から追放されたスサノオは、高天原にいる姉アマテラスにいとまごいの挨拶に行きます。案外、礼儀正しい奴です。
しかし、スサノオが高天原に向かうと、山や川は揺れ、国土は震え、大地震が起こってしまうのです。この異変に「弟がこの高天原を奪い取ろうと思ってやって来るのだろう」とアマテラスは軍装をして待ち構えます。

むろん、スサノオにはそんな気はありません。そこで「うけひ（誓約）」という儀礼をふたりでしあって、結果、スサノオの身の潔白が証明されます。が、スサノオはこれでいい気になってやりたい放題をします。

当時としては絶対してはいけなかった田の畔を壊したり、田に引く水路の溝を埋めたり、大嘗祭の御殿にウンチを撒き散らしたり、もうめちゃくちゃです。しかし、姉アマテラスは弟をかばいます。

それでもスサノオの暴虐はとどまることがなく、ある日、アマテラスが聖なる服織《はたおり》殿で神衣を織っているときに、その服屋の棟に穴をあけ、そこから皮を剝いだ天の斑馬を尻の方から落としました。服織女がそれを見て驚き、梭《ひ》を性器に突き刺して死んでしまうのです。

アマテラスは、それを「見畏み（畏怖の感を抱いて）」て岩戸に隠れるという、有名な天の岩戸の話になり、その解決とともにスサノオは姉が治める高天原まで追放されることになります。しかし、下界への途中でスサノオは、食べ物の神様、オオゲツヒメを殺害するという、さらなるあぶれ者っぷりを発揮して、やがてヤマタノオロチ退治となるのです。

†あぶれ者の英雄その2

『古事記』のもうひとりの英雄といえば、ヤマトタケルでしょう。

彼もスサノオに劣らぬ「あぶれ者」です。彼は、その登場からあぶれ者ぶりを発揮しています。ヤマトタケルは最初は「小碓《おうす》」という名前で登場します。お兄さんは「大碓《おおうす》」。

ふたりのお父さんは景行天皇です。

景行天皇は、美濃の国にいる兄姫、弟姫という姉妹が美人であることを聞き、兄、大碓を派遣して、ふたりを召そうとしました。ところが大碓はこの姉妹を見るや心が動き、自分がこのふたりと結婚してしまい、父である景行天皇には違う女性を差し出して「これが兄姫・弟姫です」と偽ったのです。

そんなことでだまされる景行天皇ではないけれども、兄を責めることもせず、この女性たちとも結婚をすることもなく、ひとり悶々と悩んでいました。

さすがに大碓はお父さんの前に顔を出しにくい。朝夕の食事にも出てこなくなりました。

そこで天皇は弟の小碓（ヤマトタケル）に「どうして兄は出てこないのか」と聞いたあ

と、兄を「ねぎ教えさとせ（ねんごろに教えさとせ）」というのです。

ところが数日経っても、大碓は出てこない。父は小碓に、ちゃんと告げたかどうかを尋ねます。すると小碓はちゃんと「ねぎ教えさとした」という。

そこで父が「どうやったのか」と尋ねると、小碓は答えます。

「兄が厠から出てくるところをつかまえて、握りひしいで、手足をもいで、薦にくるんで捨てました」。

これはめちゃくちゃ。やはり「あぶれ者」です。

父は、こんな我が子を怖れて何とかしようと思い、「西の国に熊曾建《くまそたける》が二人いる。こいつらは服従しない無礼な奴らだ。お前が行って、ふたりを殺して来い」と小碓に命じます。

小碓は出かける前に叔母である倭姫のところに行き、その衣装をもらって熊曾建のもとに着くと、ちょうど新築の室の落成祝いの宴。小碓は髪を女のように梳き、叔母の衣装を着けて乙女の姿で熊曾建の兄弟に近寄ります。

そして、宴たけなわのとき、隠し持っていた剣で、まず兄・熊曾建の胸を突き、背中まで刺し通す。弟は、それを見て逃げるのですが、その背中をつかまえて、剣を尻から刺し通しました。

尻から剣を刺し通された弟・熊曾建は「どうかその剣を動かさないでください。申し上げたいことがあります」といい、小碓に自分の名の「建」を献上して、それから小碓は「倭建（ヤマトタケル）」になるのですが、ヤマトタケルとなった小碓は名をもらったそのあと、尻に刺した剣で、熟した瓜を切るように熊曾建を切り裂いてしまうのです。

これもひどい殺し方です。

さて、熊曾建兄弟を殺害した帰り道に、ヤマトタケルは出雲の国に寄ります。出雲の国には、やはり出雲建という強い奴がいたので、こいつも殺したいと思い、まずは彼と仲良くなります。そして赤檮《いちい》という木で偽剣を作り、それを自分の太刀として身につけ、出雲建に水浴をしようと誘います。

ヤマトタケルは先に水から上がって、出雲建の太刀を持ち「太刀を交換しよう」といいます。自分が作った木の偽剣を、出雲建が身につけたのを確認したヤマトタケルは「太刀合わせ」をしようと勝負を挑みます。

偽剣を身につけた出雲建は、もとより木刀なので抜くことができない。ヤマトタケルは本物の剣を抜いて、出雲建を殺してしまい、そのあと「出雲建が腰に着けた太刀は刀身がなくて、ああ、おかしい」などという歌すら歌います。

兄の殺害方法もめちゃくちゃだし、熊曾建の殺し方だってひどい。出雲建の殺し方などは卑怯としか言いようがありません。しかもひどい歌まで歌っている。

しかし、これが日本の英雄です。かっこよくもないし、正々堂々としてもいない。スサノオのヤマタノオロチの退治の仕方だって、酒を飲ませて酔い伏しているところを殺害するのですからひどいといえばひどい。少なくとも正々堂々とはしていません。

スサノオにしろ、ヤマトタケルにしろ、ただ自分の内部に蠢く衝動を抑えきれない「あぶれ者」なのです。彼らは、正々堂々としようとも、あるいは正義の味方であろうとも、ましてや格好よくあろうともしていません。ただ自分の衝動に従っただけ。ただ、内部に蠢く衝動の噴火の矛先が偶然、ヤマト朝廷に敵対するものだったので彼らは「英雄」になっただけです。

このような一見めちゃくちゃに見えるような行動をしてしまうのが日本の英雄の条件なのです。

「小碓」時代のヤマトタケルがお父さんから兄を「ねぎ」せよと言われ、お兄さんの手足をもいで捨てたという事件がありました。

父のいった「ねぐ」は「ねんごろに」という意味ですが、それを小碓は「もぎ取る」という意味に解しました。確かに「ねぐ」には「もぎ取る」という意味はあります。しかし、父は「ねぎ教えさとせ」といったのですから、文脈で考えれば、ふつうは「ねんごろに教えさとす」だとわかるはずです。

文脈を理解するのが難しい人として自閉症の人がそうだといわれます。また、スサノオもヤマトタケルも、ふたりとも動きたいという衝動を抑えることができない衝動の人であり、また多動の人でもあります。

現代だったらふたりとも病気だとか、発達障害だとか言われてしまうでしょう。しかし、このような特徴こそ、日本では「英雄」の条件でした。

そして多くの人が自分の中にもこのような「あぶれ者性」や、「あくがれ出る可能性」があることを感じていたのです。

ですから、このような人たちを病気だといって白眼視したり、治療をしておとなしい人にしようとはしませんでした。ただ、その衝動の方向性を正しいところに向ける援助をします。その人の性格を正しい方向に使う。それが日本的な方法なのです。

†東洋的な哲学が生まれる場所

前章からいろいろと見てきていますが、どうも日本人は身体であれ、心であれ、内と外との境界が曖昧で、そのために裡なるものが容易に外にあふれ出しやすい傾向にあったようです。

むろん、これは日本人に限定をする必要はありません。幼い子は洋の東西を問わず内と外の境界は曖昧であり、多くの子どもは「あぶれ者」です。自己と他者の区別も曖昧だし、夢が現実に侵入してきたりもします。そしてみんな暴君です。

この曖昧さをなくして自己と他者を峻別して「個」を作ることや、自分の「あぶれ性」をなくして社会人になることが西洋的な価値観では「成熟（mature）」だと思われています。

そういう意味では、日本人に「あわい」や「あぶれ」の傾向が強いというよりも、そのようなことに対して寛容であったと言った方がいいかも知れません。

フランス文学者の芳野まいさんから勧められてプルーストの『失われた時を求めて』を読み始めたのですが、その冒頭の長大な独白にまず驚きました。設定としては小さな子どもが、ひとりの部屋で母のおやすみのキスを待つという、それだけのために膨大なページを費やしています。

主人公である「私」は、この間に、さまざまに思考を巡らせ、さまざまに思い出をよみがえらせ、どんどん、どんどん自分の内部に入ってゆきます。それとともに、彼は外の人たちと自分との間に高い壁を築き、その境界を堅固にしていきます。

彼のこの思考が、ひとりで眠る夜の部屋で行われているということがとても面白いと思うのです。私は研究者ではないのでちゃんとしたことはいえないのですが、判然とした境界を作り、自己を内に閉じ込めるという、いわゆる「西洋的」な境界は、この子どものひとり寝から始まるのかも知れないなどと思ったりします。

そして、思考を純粋化することによって確固とした論理体系を組み立てようとする西洋の哲学も、ここから生まれたのではないかと思うとともに、『論語』や『老子』などに代表されるような、論理体系を形成することを拒否し、いま・ここの状況との関係で思考しようとする東洋的な哲学は、親と同じ部屋で寝るという生活習慣から生まれたのかも知れないなどと思ったりするのです。

現代の生活様式の変化は、日本人の「あわい性」や「あぶれ性」を変えるかも知れませんが、しかしそれでもそう簡単には変えることができないものもあるとも感じています。

それがひととひととの関係における「あわい性」ではないかと思うのです。

†あしらう

チベット語を習ったときに「こんにちは」を何というかとチベット人の先生に尋ねたら、そんな言葉はないといわれました。そういえば中国語の「ニーハオ」だって最近作られた言葉ですし、昔の日本語にもあいさつのための特別の言葉なんてありません。

自他の境界が曖昧な人々の間にあいさつは必要ありません。あいさつは、ふたりの間の境界を破るための儀式のようなものです。古い時代の日本語やアジアの言語の多くにあいさつの言葉がないのも、破るべき境界がなかったからでしょう。

日本人は、内の人と外の人の共有空間としての「縁側」や、男女の区別なく裸で入る「温泉」など、自他の境界を曖昧にするためのあわいの空間をさまざま生み出してきました。そして、その「あわい」はさらに動作にまで広がっていきました。

「あわい」の動詞形、それは「あしらう」です。

現代語で「あしらう」というと「軽くあしらう」とか「鼻であしらう」のような言い方をするようにあまりいいイメージはありませんが、しかし本来の「あしらう」は、人をもてなしたり、応対するときに使われる丁寧な身体作法をイメージさせる言葉でした。

「あしらう」という言葉は、「あえ（あへ）」と「しらう」が組み合わさってできた「あえ・しらう」が縮まってできた言葉です。

「あえ・しらう」の「あえ（あへ）」を漢字で書くと「饗」になります。美味しいものを調えて饗応することをいいます。鼻であしらうどころか、美味なご馳走を用意して、饗応をすることが「饗」なのです。

そして「しらう」とは「互いに物事をし合う」こと。

「あえ・しらう」とは片方が相手をもてなすだけでなく、お互いに美味しい料理を用意してもてなし合うことをいう言葉です。

互いにもてなし合う「あえ・しらう」、すなわち「あしらう」の基本は飲食をともにすることです。

鍋や大皿料理など、みんなでつつきあって食べる料理が日本にはたくさんあります。学生時代は闇鍋などといって、何が入っているかわからない鍋をみんなで大笑いしながら突つきあったり、らっぱ飲みで日本酒を回し飲みしたりしました。

結婚式などでは、ひとりひとりのお膳で料理が出ますが、それでも酒を注がれたら、その盃をそのまま返して返杯などはしますし、「巡る盃」という言葉があるように、盃を回して飲み合ったりもします。

「同じ釜の飯を食う」関係というように、同じ食器、同じ容器を共有して食事をするということは、日本の食生活では大切なことなのです。都市や裕福な家では、昔から個々のお膳が出されていましたが、ふつうはなかなかそうはいきません。同じ鍋をつつき、同じ皿から食べました。

衛生上のことなどを云々しだしたら、とてもできたものではありません。そんなことよりも同じ鍋や同じ皿、そして同じ盃で飲食をすることが、かつての人間関係では大切だったのです。

しかし、同じ鍋をつついたり、一緒にするどころか、人前で食事をするのが恥ずかしいという人が増えています。学食でみんなと食事をするのが恥ずかしいのでトイレの中でひとりで食事をする人もいます。

それもよくわかります。

ともに食事をするという「あしらい」が、きわめて「あわい」的な行為だからです。「あしらい」によって、ふだんは隠している自分が内側から溢れ出てしまい、そして相手との境界が曖昧になってしまいます。

食事というのは、箸の持ち方からすでにその生育歴が露わになってしまいます。茶碗の持ち方や食べる順序、ひとつひとつの食べ方や好き嫌いなど、すべてその人が今まで生きてきた歴史が現れるのです。しかし、食事が恥ずかしいのはそれだけではありません。飲食をともにするということは、自分と他人の内部にアクセスするということでもあるのです。

私たちの身体は「皮膚」という外部を持ち、「粘膜」という内部を持っています。これを裏返しにしたのが植物です。

「植物のからだは、動物の腸管を引き抜いて裏返したものだ」と三木成夫氏はいいます(『胎児の世界』)。

植物の根毛は、露出した腸内の絨毛となって、大気と大地にからだを開放して、完全に交流しあいます。だから、その地方の大気と土壌の性格は、そのまま植生と表裏一体の関係になり、ゆえに植物とは、自然の一部というよりも、自然の「生物学的な部分」といいかえることができるのです。

植物と宇宙との間には生物学的な境界はありません。植物と宇宙は「あわい」の関係であり、互いに自己の内部を外に「あふれ」させているのです。

これは私たち動物とは対照的です。動物のからだは、宇宙の一部を切り取っておのれの体内に封じ込め、それを体内に誘導します。

三木氏は、前者が「体腔」に、後者が「腸腔」に当たり、そこから性と食にたずさわる内臓系が作られ、そして、このなりたちは動物の食とセックスが、まさに〝内蔵された〟宇宙との交流によっておこなわれることを物語るものであろうといいます。

皮膚という外壁によって内側の粘膜を隠している私たちですが、「食」に関する出入り口の器官である「口」と「肛門」、そしてセックスに関する器官である「性器」だけは粘膜が露出しています。

そういう意味では、食事をしあう「あえ・しらう」とは、互いの〝内蔵された〟宇宙との交流であり、セックスにも近い交流でもあります。

平安時代の辞書である『和名類聚抄』には、「しらう」の漢字として「牴《てい》」の字が示されています。

「牴」とは角で触れることが元の意味です。現代では「抵触」という形で偏を変えて、これもネガティブな意味で使われていますが、たとえば角力のことを角牴といったりする例もあるように、ニュートラルな意味での「触れる」がもとです。

「牴」は角で触れるだけでなく、やがてお互いに触れ合うことにも使われるようになりました。

「あえ・しらう」は、ただもてなし合うだけでなく、お互いが触れ合うことであり、互いが触れ合うようにおもてなしをすることなのです。

知り合った男女が親密な触れ合いをするような関係を持つまでには、必ずといっていいほど「一緒に食事をする」という関係を作りますし、これとは逆に食事をしている姿を人に見られたくないというのも、セックスに近いような生の姿を見られるのが恥ずかしいからかもしれません。

居酒屋などに行くと、見知らぬ人同士でも、奢り、奢られる関係がよく生まれます。そのきっかけが「タバコある?」だったりします。自分のタバコを切らしたら見ず知らずの人からもらう、これが当然でした。

禁煙が進んだ日本ではこのような光景は少なくなりましたが、中国などではまだ「タバコ吸う？」と進められたりします。このときに断るときには「私はタバコを吸いません」ではダメです。「吸えません（不会）」と答えます。

この「不会」には、「私はあなたとタバコの共有はしたい。けれども、その能力がなくてできないのです。本当にごめんなさい。でも、代わりにお酒は飲むからいいでしょ」みたいなニュアンスが含まれています。

飲食を共有し、あるいはセックスをすることによって、私たちは忘れ去ってしまった植物の記憶を思い出しているのかも知れません。大気と大地にからだを開放して、完全に交流しあっていた記憶です。

三木成夫は、動物の食と性の波は〝植物的〟な内臓系が体壁の殻を貫いて、直接宇宙と交流することによって産み出されると書きました。

そこでは、宇宙リズムに乗って、内臓系の中心が食の器官系と性の器官系のあいだを果てしなく往復する「内臓波動」が生じ、これこそ動物のいのちの波をからだの奥底から支える〝はらわた〟の根源の機能であり、動物のもつ宇宙生命をもっとも端的に表現したものであろうというのです。

私たち日本人は、「あわい」と「あしらい（あえ・しらう）」によって、体壁という壁を持ちながらも、他者や環境（宇宙）と直接的な交流をもってきたということができるかも知れません。そして、それを支えるのは「内臓波動」、日本的ないい方をすれば「はら」です。

次章は、その「はら（内臓）」について見ていくところから始めましょう。

第4章

ため息と内臓

養老

†環境と直接つながりたいという欲求

ひとりで部屋で思考をしていても、人と歓談していても、静かな森を散策していても、温泉にゆったりつかっていても、なにかもうひとつそこに入りきれない「もどかしさ」を感じることがあります。私たちが、あらゆるものに感じる、この「もどかしさ」は、どうもこの身体に由来するらしいのです。

植物のからだは、私たち動物の内臓を外に露出させたようなもので、そのため環境との間には境界がそもそも存在しないに等しいという、三木成夫氏の言葉を前章で紹介しました。三木氏のいうように、植物が自然の「生物学的な部分」であるならば、「草木国土悉皆成仏」、すなわち草木でも仏になれるという日本仏教独自の主張はまことにその通りであるといえるでしょう。

いや、「成仏」どころか、草木は仏そのものであるともいえます。実存ならぬ「仏存」の姿が植物なのです。

植物ならば環境とも、そして他者ともそのまま直接的な関係をもっています。しかし、「殻（＝からだ）」としての体壁をもつ私たちは、自己以外との関係は必ず間接的にならざるを得ません。その間接性をより強固なものにして「自己」というものを創出しようとするのが所謂「西洋」的な方向性だとするならば、その関係性をより薄くしようとしてきたのが私たち「日本」人であり、その手段として「あわい」や「あしらい」という仕組みを作り出して来ました（しつこいようですがカッコ付きの西洋であり、カッコ付きの日本です）。

自然に対しては、それを支配しようというよりも身体を通じた直接的なやり取りをしようと努力をし、人との関係においても自然との関係と同じく、境界を極力なくした直接的なやり取りをせんことを目指しました。

単なる共存ではなく、「仏存」の関係を作る、それが日本人の関係性構築のゴールなのです。

しかし、どんなにがんばっても私たちは人間です。植物とは違います。環境や他人と直接的なやり取りをするための粘膜（内臓系）を守る体壁という殻を捨て去ることはできません。

それでも「この殻を破りたい」と思ってしまう。

これが私たちの欲求の原初的な形ではないでしょうか。私たちのさまざまな欲求は、体壁という殻を破って、内臓系と内臓系、あるいは内臓系と宇宙との直接交流をしたいというところから発しているように思います。内臓系を文字通り内蔵している私たちは、内臓系の出先器官ともいうべき、体外に露出した粘膜系の器官に「欲求」を代弁させることによって、内臓系と内臓系、あるいは内臓系と宇宙との直接交流を目論んだのです。

具体的にいえば、「目」や「口」や「鼻」のような粘膜的な感覚器官、そして「性器」や「肛門」などのさらなる粘膜的な器官による他者や環境との交流です。これらは本来、体壁の中にくるまれているべき粘膜が、環境との直接的なやり取りを可能にするために体壁の外に露出したアンテナのような存在です。潜水艦の潜望鏡のように、体壁の先端に粘膜の一部を露出させることによって、環境との直接的やり取りの可能性を宿した動物の「植物的器官」です。

精神科医や心理学者の方ならば、この話を子どもの発達段階などから語ることができると思うのですが、能楽師である私は、この欲求の変化を『古事記』から見てみることにします。

†『古事記』に見る欲求の変化

「欲求」ということに注目をして『古事記』の最初の部分を読んでみます。

『古事記』の物語は、抽象神（隠身の神々）を中心とした最高神のみが住まう天上界から始まります。これが日本神話の序章です。そこはさまざまな神を生産する神々の工場で、事件らしい事件は起きません。が、そこに配偶神が生産されたことによってはじめて「死」というものが誕生し、その「死」を契機に生まれたスサノオ（建速須佐之男命）をトリックスターとして、その物語のステージが天上界から高天原に移ります。

そこから神話・伝説の本番が始まり、神話の第一章に入ったことが示されます。

しかしここでは、まだ物語が始まる前の『古事記』の序章のみを読んでみたいと思うのですが、「欲求」に注目して序章を読んでいくと「みる」というキーワードが浮かび上がってくることに気づきます。

古語の「みる」には、「見る」という意味のほかに、「会う」という意味や「性的な関係をもつ」という意味があります。「目を合わせる」と書く「まぐはひ（まぐわい）」になると「性的な関係を持つ」ということが、その意味の中心になります。

確かに濡れて露出した「目」は、ときには性器以上に性器的であることは、バタイユの『眼球譚』を俟つまでもないことでしょう。大きな潤んだ瞳はとてもセクシャルです。

そんなセクシャルな「みる」から『古事記』の欲求は始まります。

『古事記』で最初に登場する欲求は、女神であるイザナミの身の「なりなりてなりあわざるところ」を、男神イザナギの身の「なりなりてなりあまれるところ」で刺し塞ぎたいという欲求です。つまり、女神イザナミの「身」の欠落を、イザナギの「身」の過剰部分で補いたいという欲求です。その欲求を男神イザナギは、「聖なる寝所で目合いをしよう（みとのまぐわいせん）」と女神イザナミに提案します。「目合い」、すなわち眼球と、そして性器という両粘膜の結合したいという欲求、それが『古事記』の最初の欲求です。

これに続く第二の欲求は、妻であるイザナミが死に、夫イザナギが妻に「あひみむ（相見む）」、つまりもう一度会いたいと願う欲求です。やはりこれも「見る」＝「目」という粘膜の欲求です。しかし第一の欲求が、「身」と「身」を合わせるという極めて身体的なものだったのに対し、こちらは欲求の時点では「身」を介在しない欲求に変化しています。

次の第三の欲求は、イザナギがイザナミに会うために行った黄泉の国の場面で描かれています。妻イザナミは、「醜くなった自分の姿を見ないでくれ」と夫イザナギに伝え、一度は夫は了承します。しかし、その約束を破ってまでも妻を見たいと思う。世界中の神話にある「見るなの禁忌」と、それを破りたいという欲求です。

これも「見たい」という粘膜欲求であることは第二の欲求と同じですが、しかしこれが第一の欲求とも第二の欲求とも大きく異なるのは、前二者が相互の欲求、あるいはやがて相互の欲求となり得るものなのに対して、これは絶対に相互欲求になり得ない欲求です。「自分は見たい」。しかし、そんな風にのぞき見ている自分を、相手から見られては困るのです。粘膜の欲求でありながら、相手を全く必要としない欲求。相手を拒否する欲求です。

ここで欲求の抽象化が一気に進みます。

第四の欲求は、黄泉の国に行って穢れが身についてしまったイザナギが「禊をしたい」と思う、そんな欲求です。「欲求」は、粘膜である「目」から突然離れました。

しかし、「禊」という語の中に隠れている「身」や「水」は「目」に非常に近い言葉です。また、「身を削ぐ」というイメージは身体を粘膜化する作業でもあります。「身を削ぐ」とは裸以上の裸になることです。

それで思い出すのは因幡の素兎です。因幡の素兎で私たちがイメージするのは皮を剝がれた兎、すなわち粘膜化された兎です。

しかし『古事記』には「赤裸」と書かれています。身を削いで、はだか、すなわち「肌が明らかになった」のは「赤裸」ですが、しかしそれでも目や性器というリアルな粘膜ではありません。

欲求は実際の粘膜から粘膜の象徴である「はだか」に変化しました。抽象から象徴への変化をしたのです。

しかし、これに続く最後の第五の欲求は、また粘膜欲求、すなわち「会いたい」＝「見る」という粘膜の欲求になります。しかし、今回は欲求の主体が変わります。欲求をする人（というか神）が変わるのです。

これまでの四つはイザナギの欲求でしたが、第五の欲求の主体は、イザナギの子のスサノオです。

スサノオが欲したのは、「妣（母）の国へ行きたい」ということ。スサノオは母に会いたいのです。

しかし、よく考えればこれは変です。スサノオは、父イザナギが禊をしたことで生まれた子です。母はいない。スサノオが欲求しているのは、実現が絶対不可能な欲求です。存在するはずのない母の「身」を求めるという絶対に実現しない欲求が、この第五の欲求なのです。

『古事記』のなかで欲求はどんどんどんどん抽象化・象徴化していき、最後の欲求は、絶対に手に入れることのできないものを欲する。

そして、これこそが「恋（乞ひ）」に代表される「思い」の欲求であり、私たちのあらゆる欲求の根元に横たわっているものです。私たちは、絶対に入手できないものを希求するという欠落を、いつの間にか手に入れてしまいました。『古事記』における、この欲求の変遷は、まるで人類の欠落の歴史を語っているようでもあります。

さて、今回は詳しくお話ししている時間はないのですが、『古事記』の特徴のひとつに厠（トイレ）や糞尿が頻出するということがあります。これは他の神話にはあまりない特徴です。トイレや糞尿もまさに粘膜の欲求。

しかし、あまり粘膜の欲求の話ばかりしていると先に進めませんので、糞尿の話はまた今度ということで、この話はそろそろやめにして次に進むことにしましょう。

前章の最後に、内臓系の先端である粘膜を使う「食」と「性」の波は、私たちの内臓系と宇宙とが直接、交流することによって産み出され、そこで生まれる「内臓波動」こそ、動物のいのちの波をからだの奥底から支える〝はらわた〟の根源の機能であるという三木成夫の言葉を紹介しました。

「あわい」や、その相互行為である「あしらい」を支えているのは、この〝はらわた〟なのです。そこで本章では、その〝はらわた〟の機能について、さまざまな角度から見ていくことにしましょう。

おぼれそうになっている子どもを中国人の留学生が助けたというニュースがありました。

「思わず飛び込んだ」

そう彼はいいました。

また、ホームから線路に転落した泥酔男性を助けようとして死亡した日本人カメラマンと韓国人青年もいました。

†惻隠《そくいん》の情

そのような行為を生み出す感情を「惻隠」の情といいます。

惻隠の情を辞書で引いてみると「かわいそうに思うこと」、「同情すること」とありますが、もとは『孟子（公孫丑上）』に載る語です。

小さい子が井戸に近づき、落ちそうになったのを見た人は「皆、怵惕惻隠の心有り」と孟子はいいます。「怵惕」とは、「わ、やばい」と思うことで、「惻隠」とはそのまま放置してはおけないと思うこと。人間は、そんな感情が自然にわきあがると孟子はいうのです。

そして孟子は「これは、その両親と近づきになりたいからとか、世間の人や友だちにほめられたいからとか、あるいは助けなかったら非難されるからとか、そんな理由で思うのではない。思わず、そのような感情が湧き出てくるのだ」といいます。

他人の苦しみや悲しみを見ることを忍ぶことができないという「忍びざるの心」を人は持っています。この気持ちは頭で考えて、どうのこうのという感情ではない。腹のあたりに、いやおうなく感じる深い感情なのです。

ここで注意してほしいのは、「惻隠の情」とは感情のことであって、実際にその子を助けるという行動をする、しないの話ではないということです。

そのような感情がわきあがる。が、そう感じてもできないこともあります。

先日、能楽堂の楽屋に向かう途中の道で言い争いをしているふたりがいました。乗用車とバイク便の運転手。そのふたりが、道を譲ったの、譲らなかったのの口論をしていました。

言い争いといっても、完全に車の人の方が有利で、もう一方のバイク便の人は、なんとか運送という看板を背負っているせいもあってか、ただただ平身低頭。しかし、強い方は今にもつかみかからんばかりの勢いで、どう見ても弱いものいじめにしか見えない。いくら謝罪をしても許そうとする気配すらありません。

その周囲を多くの人が通り過ぎて行きます。男も女も、中年も若い人も。しかし、誰も仲裁をすることはおろか、言い分を聞こうとか、警察を呼ぼうとか、そういうことすらしていません。私も自分の舞台を控えていたので、あまり深くは関われないので、一応、仲に入って「警察を呼びましょうか」と携帯を出したら、居丈高だった車の人が「そこまでする必要はない」と分かれて行きました。

何もせずに通りすぎていった人たちも、おそらくは腹のあたりに惻隠の情を感じたはずです。ただ、「かかわりたくない」、「面倒に巻き込まれるのはいやだ」、あるいは「急いでいるから」という頭での判断があり、そちらが腹の感覚に勝った。

私たち現代人は腹で感じるよりも、頭での思考が優先します。ですから、何もしないということは、ある意味、現代人としての特質であるといえるでしょう。

ただ、たまに全く何も感じないという人がいます。腹の感覚を遮断してしまっている人です。

大人は子どもに「いじめを見たら、それを止める勇気を持て」といいます。しかし、大人社会にもいじめがあり、大人はそれを止めることをしない。いや、それどころか助長するということを子どもは見ています。

いじめを止めろ、いじめをするなと言いながら、いじめをする大人たち。

このダブル・バインドの中で、そのようなことに対して鈍感に、あるいは無感情になっていく人がいます。

腹よりも頭が優先するどころか、腹で感じることが全くなくなってしまっている人も少なくない、それは問題なのかも知れません。

†断腸

「断腸の思い」という言葉は、中国の古典『世説新語』に載る話からできた言葉です。東晋の武将である桓公が、天下の絶景、三峡を船で下っていたときの話です。部下の中に小猿を捕まえた者がいました。子どもを取られた母猿は、小猿が捕らえられた船を追って、号泣しながら百里あまりも船を追います。やがて追いついた母猿は、ついに船の上に跳りて上って来たのですが、そのまま息絶えてしまったのです。

人々が母猿の腹を割いて腹中を見ると、腸《はらわた》がすべてずたずたに断ち切れていた。そこから「断腸の思い」という言葉ができました。

ちなみに、桓公はこれを聞き、小猿を捕まえた部下を怒って罷免したといいます。

> 桓公、蜀に入り、三峡の中に至る。部伍の中に猿子を得る者有り。其の母岸に縁りて哀号し、行くこと百余里にして去らず。遂に跳りて船に上り、至れば便即ち絶ゆ。破りて其の腹の中を視れば、腸皆寸寸に断えたり。公、之を聞きて怒り、命じて其の人を黜けしむ（桓公入蜀、至三峡中。部伍中有得猿子者。其母縁岸哀号、行百余里不

去。遂跳上船、至便即絶。破視其腹中、腸皆寸寸断。公聞之怒、命黜其人）。

悲しみのあまり腸がずたずたに断ち切れるのは、私たち人間も同じです。ストレスによって胃腸の調子が悪くなったり、実際に胃腸の病気になったりします。

これは、脳が腸から発生したものだからだという話があります。福土審氏は『内臓感覚―脳と腸の不思議な関係』（日本放送出版協会）の中でそのことに触れ、腸にもシナプスの作動原理と同じような働きをするニューロンのごとき神経構造があると書きます。それによって、悲しみやストレスなどの脳の働きが内臓に影響を与えるようなのです。

しかも、これは逆の作用も引き起こします。すなわち内臓の感覚も脳に影響を与えるようなのです。確かにお腹の調子が悪いと、頭の働きが鈍くなったり、夢見が悪かったりします。

腹と脳とは、かなり深い関係にあるようです。

東洋には「腹脳」という言葉があります。私たち東洋人は、ちょうど丹田あたりに脳のような働きをもつ界隈があると感じてきていました。また、西洋でも近年では内臓周辺を「リトルブレイン（あるいはガットブレインとも）」と呼んだりします。内臓が脳のような働きをするということに気づきはじめてから、こう呼ばれるようになったのでしょうか。

✝古事記の腹

日本人は、かなり昔から内臓に心があると感じていたようです。

『古事記』に載る仁徳天皇の歌が、すでに心というのは内臓にあるということを示しています。この歌は、仁徳天皇が后に対して歌ったものです。

この歌に至るまでの経緯はこうです。ちなみに仁徳天皇の后は嫉妬深いことで有名です。それを前提に。

仁徳天皇の后は、紀伊の国に新嘗祭の酒宴のための御綱柏《みつながしわ》を採るために行っていました。その留守の間に天皇は別の女性（八田若郎女）と関係を持ってしまったのですが、まあ、これはよくあること。問題は、よせばいいのに、そのことを事細かに后に申し上げた者がいたのです。

后は怒り、せっかく採ってきた御綱柏をすべて廃棄し、天皇の待つ宮殿には帰らず、山城国に行ってしまいました。

そんな后に「帰って来てほしい」と天皇は歌を送るのですがダメ。「なら、せめて心だけでも」と歌った歌がこの歌です。

御諸の　其の高城なる
大猪子が原
大猪子が　腹にある
肝向かふ　心をだにか
相思はずあらむ

この五行の歌の言いたいところは最後の「心をだにか相思はずあらむ（せめて心だけでも思ってくれないだろうか）」だけです。

それ以外は「心」を導き出すための序詞やら枕詞やらの修辞法のオンパレード。修辞法によって埋め尽くされている歌というのは、多くが呪歌です。この歌も呪術の力によって后を自分のもとに戻そうという、そういう思いを込めた天皇の呪歌でしょう。

冒頭の「御諸の高城」というのは神々の降臨する聖地です。そこにある「大猪子《おおいこ》が原」。これも神への生贄として捧げる猪の狩場でもあったといわれています。

その大猪子が原の「原」が「腹」に変化して、その「大猪子が腹にある肝」、猪の腹にある肝となります。そして、その「猪の肝」が今度は枕詞「肝向かふ」に変化して、その枕詞が「心」という語を導きだします。

ちなみに、ここでいう「肝」とは、現代の解剖学でいう肝臓ではなく五臓六腑、すなわち内臓全般を指す、と本居宣長は言っています。いまでも「きも」と訓じた場合は、内臓を指します。また、なぜ猪の肝かというと、これまた本居宣長が「猪は屠りてその腹の内を見ることある故なり」といっています。まさに生贄の動物であり、この歌がそういう儀礼と関連があることが窺われます。

ま、それはともかく、「肝向かふ」とは、腹の中にある多くの「きも（内臓）」が、向かいあい、集まりあって、それが凝凝（こりこり）するから「心」を導き出すのだろうと、またまた本居宣長がいいます。「おのごろ嶋」は自ずから凝る（凝固）島ですし、「ところてん（心太）」も海草が固まったものだからこういうとし、「心」も多くの内臓が寄り集まった状態だから「こころ」というのだと説明します。

すなわち『古事記』の時代の人々にとっては、「心」とは「心臓」のことではなく、下腹部の内臓全体を指し、そしてそこら界隈に「心」があるという実感があったのです。内臓の容れものとしての「はら」、そして内臓全体をさす「きも」、それが心を考えるときのキーワードになります。

†情動と結びつく腹脳

広尾のお寺でやっている寺子屋で「心はどこにある感じがしますか」と尋ねたときに、ほとんどの人は胸のあたりを指したのですが、小学生の何人かは頭を指しました。心の定位置は昔の「はら」から「胸」のあたりまで上がってきて、そしてそろそろ「頭」になりつつあるのかも知れません。

「はら」、すなわち内臓周辺の「腹脳（リトルブレイン）」と、頭にある脳とは、同じ脳でもその働きがちょっと違うようです。

「腹を決める」という言葉があるように、腹脳で決断した意志は頭で決めた決断に比べるとかなり強い。「肝を据える」ともいいますが、「据える」という言葉は動かないようにしっかりと固定することをいいます。

損益計算や効率性によって、ころころ変わる意思決定とは違います。人間存在の奥の方からの決断、それが「腹を決める」ことであり「肝を据える」ことです。

腹にある脳は、思考というよりも「思ひ」や情動と結びついているようなのです。

怒ることを、かつては「腹が立つ」といいました。現代でも使っている人が皆無ではないので、「かつて」というのもナンですが、しかし日常生活で「腹が立った」という人は近年、とんと見なくなりました。

「腹が立った」時代には、怒りの座は腹にありました。

大人というのは、元来、そうそう簡単には怒らないものです。怒りが生じても、それをすぐに表現することはなく、腹に据える。しかし、それでも腹に据えかねたときにはじめて「腹が立つ」。

しかし、「腹が立つ」のは、「頭にくる」のとはだいぶ違うし、「むかつく」なんていうのとも全然違う。瞬間的な感情に任せての怒りではありません。ですから、怒りを発したあとでも後悔をするということはあまりありません。

腹に据えるのは怒りだけではありません。腹はあらゆる感情、意思を貯めるところでした。「腹は貯蔵庫である」ということを示す語に「腹蔵」などというものもあります。「腹蔵なく話す」などといいます。

だから思うことをいわずに我慢していると、腹蔵がいっぱいになって「腹ふくるる思いに」なったりします。

「腹を割って話す」などというのは、まさに内側にある内臓系を外に出して、内臓系同士で話をしようや、なんていう言葉です。

「腹黒い」とか「腹に何もない」などという言葉もあるし、自身の腹が清らかであることを示すために切腹をしたりしました。

『古事記』の中に「清く明き心」という語があります。それと反対に「耶《きたな》き心」という語もあります。

私の能の師匠である鏑木岑男《かぶらきみねお》師のご尊父は、能楽師であるとともに神社の宮司でもありました。明治以降、国家神道化した神社の宮司は、戦争中、若者を戦地に送り出すための祈願もその役割のひとつとして負っていました。が、終戦。それも敗戦という形でその日を迎えた。自分が送り出した若者たちの多くが死を迎えた。

そこで終戦の日の翌日に割腹をされたのです。

現代的に解釈をすれば、それは若者を死地に送った、その責任を取っての切腹ということになるかも知れません。しかし、それは違うでしょう。自分が若者たちにした祈願は「清く明き心」からのものであったことを示すための切腹だったのだと思います。

幕末の堺事件で、土佐藩士が割腹で腸をフランス人に向けて投げたのも「この清く明き心を見よ」という行為であったのです。

†広い腹

さて、頭にある心と腹にある心とがなぜこんなにも違うのかと考えるのに、ここでもう一度、仁徳天皇の歌に戻ってみたいと思います。

歌の中で、大猪子が「原」が大猪子が「腹」に変わりましたが、これはただの言葉遊びではありません。

「腹」の語源は、「原」だという説があります。そして「原」は「遥か」とも語源を同じうします。「はら」というのは、もとは広大な原野を指した言葉でした。しかも、ただの広い空間というだけではありません。

『古事記』の中での「原」は、たとえば「高天原（アマテラス統治）」や「天の原」、「海原（スサノオ統治）」という風に使われるように、「原」はかつて私たちが日常的に生活する場所とは違った「聖なる場所」でした。前掲歌の「御諸の高城」の「大猪子が原」が神々の降臨する儀礼の場であったように、「原」は呪術的な信仰の聖地であったのです。

そのような、霊的にも地理的にも容量の大きい器としての語が「はら」です。呪術的な聖なる器としての「はら」です。

腹脳とは、その聖所にある心です。感覚器官が集中する顔の周辺にある頭とは違い、そこまで到達するには時間もかかるし、聖的浄化フィルターも通されている。

「頭」で理解したことと「腑」に落ちたことが全然違うのもこのようなゆえんだからです。

†ホメーロスの内臓

「思い」の座が腹にあると感じたのは東洋人だけではありません。少なくとも、ずっと昔にさかのぼれば東西はかなり似ていたようです。

たとえば紀元前後のイエス・キリストの時代。「憐れむ」という言葉は『新約聖書』では「スプランクニゾマイ（σπλαγχνίζομαι）」、すなわち「内臓が動く」という語で書かれています。

内臓がぐわっと動く感覚、それを現代語にしたのが「あわれみ」であり、「あわれ」と感じる思いは「内臓」、すなわち腹でなされていたのです。

と、そんな話を広尾の寺子屋でしたときに、参加されていた相田龍太郎さんから「それはもともとのギリシャ語ではなく、ヘブライ語由来の言葉ですよ」と教えていただいた。

なるほど、調べてみると、確かに紀元前八世紀の詩人であるホメーロス作といわれる『イーリアス』や『オデュッセイア』の中では「スプランクニゾマイ」は使われていない。似ている言葉は使われています。

名詞の「スプランクナ（σπλάγχν(α)）」です。しかし、スプランクナには「あわれみ」という意味はなく、「内臓・臓物」そのものという意味で使われています。しかも、ほとんどが生贄の内臓を示す言葉です。
では、スプランクナが使われる例を見てみましょう。まず『イーリアス』の中では、スプランクナ（σπλάγχν(α)）という語はポイボス・アポロンの神への生贄の祭儀の場で現われます。

（生贄の）獣の頭をぐいともちあげて喉を裂き皮を剝ぐ。腿の肉を切り取り二重に折った脂身で包み、その上に生肉を置く。老祭祀が薪の上に載せて焼き、きらきらと輝く葡萄酒をそれに注ぎかけると、五叉の串を手にした若者たちが祭祀の傍らに立つ。腿が焼き上がり、一同が「臓物（筆者注：スプランクナ）」を食べ終えると、残りの肉を細かく切って串に刺し、丹念に焙り上げてから串を外す……

（岩波文庫　呉茂一訳　第一歌457～）

また同じくホメーロスの『オデュッセイア』の中でもスプランクナは、生贄の儀礼の場面で現れます。こちらは海の神、ポセイダオン（ポセイドン）への供犠です。

（海辺での儀礼の）参列者は九つの組に分れ、それぞれの組の人数は五百人、各組はその前面に九頭の牡牛を置いている。彼らが「臓物（筆者注：スプランクナ）」を食い、神に腿の骨を焼いている……

（岩波文庫　呉茂一訳　第三歌9）

『イーリアス』でも『オデュッセイア』でもスプランクナは生贄の臓物という意味で現われますが、古代ギリシャ人もこの内臓に、私たち日本人と同じような深い感情の座を感じていたことはギリシャ悲劇などの中から知ることができます。以下にふたつの例を示しますが、ひとつは「腹」、ひとつは「心」と訳すと意味が通じやすくなります。

（例1）友人に対しては、遠慮なく語るべきで、腹（スプランクナ）の中につぶやきを語らずに隠しておくべきではない

（エウリペディス『アルケスティス』1008-1010）。

（例2）わたしの心（スプランクナ）は、あなたの言葉によって闇の中に放り出されてしまった。

（アイスキュロス『供養する女たち』413）

†はらわたの同期

ホメーロスでは生贄の内臓だった「スプランクナ」が、やがて腹や心などの感情の座と

なり、そして時代がさらに下って『新約聖書』に入ると、それが「憐れみ」に変化します。「同情」を英語でシンパシーといいますが、これは「pathos（思い）」の同期（syn-）です。「憐れみ」を内臓から考えれば、「憐れみ」とは〝はらわた〟と〝はらわた〟との同期といえるでしょう。

それでちょっとホメーロスに戻りたいのですが、生贄の内臓であるスプランクナを食するのが神ではなく、人間であるというのが面白いと思うのです。『オデュッセイア』では、神には腿の骨を焼き、臓物は人間が食べるとあります。

むろん、人間は骨を食べることができないという実際的な理由もあるかも知れませんが、しかし内臓は生贄儀礼においては古来、人間が食べるものだったようなのです。そして、それはどうも人間を生贄としていた人牲儀礼からの伝統であったようなのです。

「古代ギリシャの犠牲儀礼と神話」という副題がついた『ホモ・ネカーンス』には、古代ギリシャには人間の生贄が使われていたことや、その生贄が食べられていたことが書かれています。これは古代ギリシャに限ることではなく、多くの古代の農耕儀礼で行われていたと思われています。

詳しくは後述しますが、かつての祭礼の太鼓には人の頭蓋骨が使われていたと思われます。特に英雄のしゃれこうべを使い、それを打つことによって英雄の霊をここに呼び出し、その人と一体化するための呪具、それがかつての祭礼の太鼓でした。この太鼓と同じように、英雄や先祖の内臓を食することが、その人と一体化するための近道と思われていたのかも知れません。

最初は〝はらわた〟同士の同期ではなく、本当に〝はらわた〟を食することによって一体化しようとしていたのでしょう。それが時代が下り、実際に人の〝はらわた〟を食することがなくても、その人と一体化することができるようになった。

それが『新約聖書』のスプランクニゾマイです。

ところで『新約聖書』の中の「憐れみ」がすべて「スプランクニゾマイ（内臓が動く）」であるというわけではありません。

「スプランクニゾマイ（内臓が動く）」という語は特殊な状況でのみ使われる、特殊な語なのです。スプランクニゾマイの使われる状況には、以下のふたつがあります。

（一）共観福音書の中でのみ現われる

（二）（基本的には）イエスの言行でのみ使われる

スプランクニゾマイが使われる第一条件は、それが「共観福音書」であるということです。

共観福音書とは『新約聖書』の中の「マタイによる福音書（以下マタイ伝）」、「マルコによる福音書（以下マルコ伝）」、「ルカによる福音書（以下ルカ伝）」の三つの福音書をいいます。

「福音書」は、イエス・キリストの生涯と言葉が書かれたものですが、この三つのほかにもうひとつ「ヨハネによる福音書（以下ヨハネ伝）」があります。しかしヨハネ伝はちょっと特殊な福音書で、記事も思想もほかのものと異なっているので、このヨハネ伝を除いた三つの福音書を共観福音書と呼んでいます。

「スプランクニゾマイ」という語はまず、この三福音書にのみ現われるという特徴があります。

もうひとつの特徴は、この語はイエスだけに用いられる語ということです。同じ「憐れみ」でも、はらわたがぐわっと動くのはイエスだけなのです。

ただし、これには数少ない例外があり、「善きサマリア人」、「放蕩息子」、そして「仲間を赦さない家来」のたとえの三つのたとえ話の中でも「スプランクニゾマイ」は使われていますが、基本的にはイエスだけに用いられる語といってもいいでしょう。

†聖書より：イエス＝空腹

「憐れみを感じる」という意味の「スプランクニゾマイ」が使われるのは、三つのたとえ話を除くと、あとはイエス自身が憐れみを感じたときなのですが、これにもやはり特徴があります。

ひとつは飢えた人々を目にしたとき。そしてもうひとつは病気の人や死者を目にしたときです。

まず飢えの話から見ていきましょう。

イエスは、彼の話を聴きに来た群衆が食べるものを持っていないのを見て、「はらわたが動いた（憐れんだ）」と福音書にはあります。

はらわたの感覚を内臓感覚といいます。私たちは感覚といえば五感をすぐに思い浮かべますが、五感以外にもさまざまな感覚があり、そのひとつが内臓感覚です。

人々の空腹と自分のはらわたの動きが同期するということはよくあります。近くの人のお腹がぐーっと鳴ったとき、自分のお腹もぐーっと鳴ったりします。内臓感覚が発動したのです。空腹は内臓感覚の中で最大のもののひとつです。

空腹となった群衆のはらわたに、イエスのはらわたが同調して、イエスはスプランクニゾマイ（内臓が動く）したのです。

イエスの時代の人々の空腹は、現代の空腹と違っていました。そのまま帰すと、彼らが道で「弱り果てる」とイエスはいいます。

ギリシャ語の「弱り果てる（エクリュオー：ἐκλύω）」は、放り出されてしまったり、気力がなくなって、立つこともできなくなってしまうというニュアンスのある言葉です。操り糸の切れたマリオネットのような状態です。

イエスは群衆を「牧者を持たない羊」に、よくたとえます。漢字の「群」にも羊が使われるように、羊には群れる性質があります。しかし、牧者のいない羊は糸の切れた操り人形さながら、どこに行ったらいいのかもわからなくなってしまいます。

イエスが群衆を羊にたとえるのは、羊という動物が従順であるというのがひとつの理由でしょう。しかし、それだけではありません。

群衆（オクロス：ὄχλος）の語源は「動く（オクロー：ὀχλῶ）」であり、羊（プロバトン）の語源も「前に進む（プロバイノー）」、すなわち動くことなのです。

動くという語源を共有するのが「羊」であり、「群衆」です。

群衆の語源の「オクロー」には、ただ動くだけでなく「押し寄せる」という意味もあります。群衆は何か気持ちが惹かれるものがあればそちらにわーっと押し寄せます。また、

http://www.pubenstock.com/2012/woolmark-1974-fca/ より

流行という言葉が示すように、人がそちらに動けば群衆もそちらに動き、あちらに動けばあちらに流されるように動く。押し寄せる集団、それが群衆（オクロス）であり、羊（プロバイノー）なのです。

羊という動物は不思議な行動を起こすということを物理学者の江本伸悟さんから教わりました。

羊を一カ所に集めようと、周囲から犬を放つと羊たちは渦になるのです。羊たちは別に渦になろうとして渦になったわけではありません。一頭、一頭は、ただ犬から逃れようとして走っているだけなのです。ところがそこに集団現象としての力が働いて、ぐるぐる廻って渦になってしまうのです。

私たち一般民衆の心の動きも、この羊のようにぐるぐると巡ります。

何か困ったことがあると「どうしよう、どうしよう」と思考が渦巻き状態になり、無限の循環を繰り返します。

また、パニックという言葉も、羊が突然騒ぎ出して、集団で逃げ出す現象を、牧神パーンによる仕業と考えて古代ギリシャ人が命名した言葉です。群衆はパニックにも陥りやすいのです。

そのような群衆に対してイエスはスプランクニゾマイ、内臓が動きます。

そして、イエスの内臓が動いたあとは、必ずといっていいほど奇跡が起こります。空腹の奇跡は、少ない食べ物で多くの人々を満腹にしてしまうというものです。五つや七つのパン、そして少量の魚で、あるときは四千人の腹を満たし、あるときは五千人の腹を満たすのです。

†聖書より：イエス＝病人

イエスが人々に対して、はらわたが動く（憐れみを感じた）のは空腹以外にもうひとつあり、それが病人や死者などに接したときです。

「マタイ伝」には、二人の盲人をいやす話が載っています。

イエスが通りかかったときに二人の盲人がイエスに向かって「わたしたちを憐れんでください」と叫びました。群衆は黙らせようとしますが、二人の叫びは止まらない。イエスがふたりに「何をしてほしいのか」とたずねると、二人は「目を開けていただきたいのです」と言いました。
そこでイエスの「スプランクニゾマイ」です。

イエスが深く憐れんで（筆者注：スプランクニゾマイ）、その目に触れられると、盲人たちはすぐ見えるようになり、イエスに従った。

新共同訳の聖書で「深く憐れんで」と訳している語がスプランクニゾマイです。そして、その後にイエスがふたりの目に触れると見えるようになったと書かれています。
また「マルコ伝」には、重い皮膚病を患っている人をいやすイエスの話が載っています。新共同訳では重い皮膚病と訳されているそれは、原文では「らい病：（レプラ：λέπρα）」です。

病人がイエスのところにきてひざまずき「御心ならば、わたしを清くすることがおできになります」と言うと、イエスは深く憐れんで（スプランクニゾマイ）、手を差し伸べてその人に触れ、「よろしい。清くなれ」と言う。すると、重い皮膚病はたちまち去り、その人は清くなった。

ちなみにこの「清くなれ」ですが、「清くなる」のギリシャ語は「カタリゾー：

καθαρίζω」で、その名詞で「カタロス：καθαρός」は「白」も意味します。そうなれば「清くなる（カタリゾー）」とは「リセットする」とも読めるでしょう。イエスは、らい病を白紙にした、すなわちリセットしたのです。

「ルカ伝」には死者を生き返らせる話が載っています。

ナインという町で、夫のいない母親のひとり息子が死に、ちょうどお棺が担ぎ出されるところでした。

イエスは母を見て、はらわたが動き（憐れに思い）、「もう泣かなくともよい」と言います。そして、棺に手を触れ、「若者よ、あなたに言う。起きなさい」と言うと、死人は起き上がってものを言い始めたのです。

このように病気を治したり、死者を生き返らせるというのもパンの奇跡と同じく、イエスの奇跡のひとつです。

「マタイ伝」で、群衆が飼い主のいない羊のように弱り果て、打ちひしがれているのを見て、イエスが深く憐れまれた（スプランクニゾマイした）、ということが書かれる箇所があります。その前にイエスは「ありとあらゆる病気や患いをいやされた」とあります。

イエスは、ただその教えが尊かっただけでも、また死後のことや永遠の命を約束しただけでもなかった。空腹の民の腹を満たし、そして病気の人を癒すという非常にプラクティカルなこともした治療者だったのです。

ですから、そのような治癒者としてのイエスにとって「憐れみ（はらわたが動く）」というのは、治癒のための基礎的な資質でした。

治癒する者と治癒される者との間にまず必要なのは、深いところでの互いの同期、すなわち「内臓（はらわた）の同期」なのです。

私もロルフィングというボディワークをしていますが、ボディワークのようなことをしていると、「クライアントの悪いところをもらってしまって自分がつらくなることはありませんか」と尋ねる人がいます。また、現代のボディワークやカウンセリングでは、クライアントとの間に強い境界（バウンダリー）を築き、クライアントをそこから侵入させないようにすることが勧められます。

しかし、それでは内臓の同期などは起こるべくもありません。いざとなれば、自分の体も犠牲にする覚悟。それができたときに始めて内臓の同期が起こるのです。

聖書の中で「治癒」と訳されるギリシャ語（テラペウオー：θεραπεύω）は、現代のセラピーの語源となる言葉です。しかし、その原義はいまのセラピーのもつ語感とはちょっと違います。テラペウオーの語感は、「仕えること」、「奉仕すること」です。しもべが主人に仕えるごとくに仕える。それがセラピーなのです。

†あはれ

さて、他人の苦しみを腹で感じる内臓感覚。それを古典ギリシャ語ではスプランクニゾマイといいましたが、日本語では「憐れむ」と訳しました。

現代人の私たちから考えると、「はらわたが動く」と「憐れむ」はだいぶ違う感じがします。「憐れむ」はなんとなく上から目線ですし、「はらわたが動く」に比べればだいぶ弱い。

しかし、これは現代人の感覚で、たとえば明治の人にとっての「憐れみ」という語感は、現代の私たちがイメージするのとはだいぶ違ったものだったようです。それを考えるために、一挙に過去に戻り、古語の「あわれみ」とは何だったかということをまずは見ていきましょう。

「憐れむ」という言葉は、「あわれ（あはれ）と思う」意の「あわれむ（ぶ）」であり、「あはれ」を動詞にした言葉です。

「あはれ」には、「哀れ」「憐れ」「矜恤」などとさまざまな漢字が宛てられますが、古い日本語に漢字はないので、古代の日本人の言語感覚を知るには漢字を気にする必要はありません。「あはれ」という音から考えていきましょう。

さて、「あはれ」といえば本居宣長です。

本居宣長は、「あはれ」に「もの」をつけた「もののあはれ」こそ、日本文学の特長であり、その精華が『源氏物語』であるといいました。

以下、本居宣長の「もののあはれ」論から「あはれ」についての彼の見解を紹介しましょう。

本居宣長は「あはれ」というのは、見るもの、聞くもの、触れることに心が感じて出る「歎息《なげき》の声」だといいます。

「あはれ」とは「ああ（あは）」というため息と、その声にならない声、歎息の声です。歎息の「あは（ああ）」に、接尾語の「れ」が付いたのが「あはれ」なのです。

思わず出てしまう「歎息《なげき》の声」とは、まさに「溢れ出す身体」（第3章）です。「あはれ」は、あふれ出した「息」なのです。

日本人は「息」に生命そのものを感じていました。「いのち」という言葉は「息《い》の霊《ち》」だという説があります。

『古事記』などで霊性を表す言葉は「み」・「ひ」・「ち」の三つがあります。この中で「いのち」に使われる「ち」はもっとも強い霊性です。「み」と「ひ」が、どちらかというと静的な霊性に使われるのに対して、「ち」は、たとえば大蛇《おろち》や雷《いかずち》、あるいは血《ち》や乳《ち》などに使われるように、生命力溢れる、躍動する霊性をあらわすときに使う言葉です。息に、その強い霊性を吹き込んだのが「いのち」だとするならば、「あはれ」はまさに溢れ出した蠢く生命なのです。

日本人の身体感の基本は、自他の区別もなく、また環境と自己との差別もない曖昧な身体でした。ふだんはそれは曖昧な境界線の中に留まっていますが、なにかがあるとすぐに溢れ出し、他人と一体化し、自然と一体化しようとします。「あはれ」とは、他人や環境と一体化せんとあふれ出した、蠢く自己の霊性そのものなのです。

†観世音のあはれ

本居宣長は「あはれ」を「見るもの、聞くもの、触れることに心が感じて出る歎息《なげき》の声」だといいましたが、すべての感情が「あはれ」であるわけではないともいいます。

嬉しいことや、面白いことも確かに感情です。しかし、これはあまり深い感情ではない。過ぎればすぐに忘れてしまう。それは「あはれ」にはならない。それに対して「悲しい」、「憂し（つらい）」、「恋しい」というような感情は、心に思ってもかなわないがゆえに深い感情となる。心からなかなか去らない。思いがかなわない、どうすることもできない、そういう思いを「あはれ」というと本居宣長はいいます。

もう少し正確にいえば「悲しい」、「憂し（つらい）」、「恋しい」、そのものも「あはれ」とはいえない。悲しくもあり、つらくもあり、そして恋しくもある。そんな「これ」と限定できない、そんななんとも名状しがたい思いから溢れ出てくる深いため息、それが「あはれ」なのです。

イエスが「スプランクニゾマイ（憐れむ）」をしたのは、ひもじい人々を見たときと、病人を見たときでした。彼らも「思いがかなわない」人々です。ただ胃が空なだけではない。心も飢えていた。目が見えないだけではない。心の目も閉じていた。

そんなどうしようもできない思い、その思いが溢れ出て「あはれ」となり、それをイエスは受け取って、はらわたがぐわっと動いたのです。

しかし、そのような人を見ても、すべての人の〝はらわた〟が動くとは限りません。群衆や病人の思いがいくら溢れても、それを受け取るアンテナがなければ「あはれ」は成立しないのです。

本居宣長はいいます。

「心に思うことがあるときは、空の景色も木や草の色も「あはれ」を催す「種《くさわい》」となる」

空の景色を見ても、草木を見ても何も感じないという人もいれば、「あはれ」を感じる人もいます。「あはれ」を感じる人がなぜ感じるかというと、「心に思うことがある」からだと宣長はいいます。自分が欠落の人であるということを常に自覚しているのです。「もののあはれ」を感じない人を、「心なき人」と彼はいいます。

「あはれ」を感じさせる種、すなわち発信機としての「あはれ」は遍在します。それを感じるかどうかは、その人のこころもちだけなのです。感じる人の「いのち」が、皮膚という境界に止まらず、外に溢れ出ているかどうか、受信機、すなわちアンテナとしての「あはれ」が発動しているかどうかです。

イエスが目にした群衆は、「空腹だから食べ物をくれ」とはいわなかった。空の景色も草木も、声を立てない。

「あはれ」はため息なので、本来は声にならない声です。本当に深いため息は無音の声です。静謐の中で溢れ出し、静謐の中で躍動する生命、静謐の中で漏れる声にならない嘆きのため息、それが発信機としての「あはれ」です。

そして、その声なき声を聞く、それが受動機としての「あはれ」です。イエスが、彼らの声なき声を感じて、はらわたが動いたとすれば、イエスも同じく「あはれ」を感じる、「もの思う」人であり「欠落」の人であったからでしょう。

私たちの苦しみを抜いてくれる仏様といえば観音様です。

観音様のお名前をサンスクリット語でいえば「アヴァローキテーシュヴァラ(अवलोकितेश्वर)」菩薩です。直訳すれば「観ることが自在」な菩薩です。困っている人、苦しんでいる人を救う菩薩に、亀茲国の西域僧、鳩摩羅什は「観世音」という訳語を当てました。「観世音」とはナンとも奇妙な訳語です。

しかし、本当に苦しんでいる人は、その姿を人に見せないことが多い。「観ることが自在」なだけでは足りない。また、苦しみの声をあげることもない。「聴くことが自在」なだけでも足りない。

だから「世の音を観る」という不思議な訳語を当てました。

群衆や病人の溢れ出た「あはれ」が、イエスから溢れ出た「あはれ」と共鳴・同期したときに、なにごとかが起こる。苦しんでいる人の声なき声を、観音様が観じたときになにごとかが起こる。観音様は、私たちの苦しみを探し出して、それを抜いてくれる。そして恵みも与えてくれる。私たち日本人が、観音様にとても親しんでいるのは、「あはれ」を知る菩薩様だからなのでしょう。

宣長は、「感じる」とは、動くことであるともいいます。ただ感じるだけではとどまらず、心が動き、そしてなにごとかが動く。それが「あはれ」の力なのです。

†呼吸：心で息をコントロールする

「あはれ」の力、ため息の力を歌う和歌をひとつ紹介しましょう。

あはれてふ　ことだになくは　なにをかは　恋の乱れの　つかねをにせむ

（「あはれ」という言葉がなかったら、何を恋で乱れてしまう心をまとめる緒（紐）にしたらいいでしょう。『古今集』読人不知）

「恋の乱れ」というのは、恋をしているときに気持ちがどこかにふわふわ飛んで行ってしまう、そんな状態をいいます。「束《つか》ね緒」というのは、そのような乱れ飛んでいってしまいそうな「恋」を、中空に飛翔せぬように、ぐっと束《たば》ねて置くための緒です。

前章で「慰めし月にも果ては音をぞ泣く恋やむなしき空に満つらむ」の歌を紹介しました。中空に充満する自分の「恋」を幻視した、この女性はかなり危険な精神状態にあるでしょう。能には「風狂《かぜ》ず」、すなわち狂気になり、死を迎えるという話があります。

そのような危険な状態になるのを留めるのが深いため息、「あはれ」なのです。ため息には、狂気になろうとするのを止める力もあるのです。

「まさか。たかだかため息に、そんな力があるはずがない」と思う人もいるでしょう。

それが、あるのです。しかし、私たちがいま使う「ため息」と、昔のため息とはちょっと違います。

と、このお話をする前に、ため息の前に「息」について、最初にお話をしておきましょう。

呼吸というのは「運動」のひとつです。しかも筋肉による運動です。が、とても不思議な運動なのです。

呼吸を司るのは呼吸筋群と呼ばれる一群の筋肉群です。

筋肉には、自分の意思で動かすことができる随意筋と、自分の意思ではコントロールができない不随意筋とがあります。前者の随意筋は、運動に関するほとんどの筋肉がこれです。腕を曲げる、足を伸ばす。背中を曲げる。そういう自分の意思で動かすことのできる筋肉を随意筋といいます。

これに対する後者の不随意筋の代表は心臓の筋肉、心筋です。「ちょっと心臓を止めておいてください」なんてことはできません。

では、呼吸筋はどちらなのか。

というと、基本的には随意筋です。呼吸は、心臓と違って自分の意思で（随意に）止めることができます。しかし、腕の筋肉や足の筋肉と違うところは、意思がないとき、たとえば夜、眠っているときなどでも勝手に動いてくれているということです。そういう意味では不随意筋であるともいえる、不思議な筋肉なのです。

しかも、人間以外の陸上動物で呼吸のコントロールをするのは鳥類だけだといわれています。人間以外の動物は、哺乳類も爬虫類もコントロールしません。「うっ」とやって息を止めて遊んでいる犬など、見たことがありません。となると「呼吸を意思によってコントロールする」ということは、人間が学習によって得た後天的な運動なのかも知れません。

放っておいても勝手にしていてくれる呼吸というものをコントロールしようと人間が意図したことが、ひょっとしたら「ため息」とも関係があるかもしれない、そう思うのです。

「息」という漢字は、実は成立が遅い漢字です。古い時代にも「息」に似た漢字はあるのですが、それはいまの「息」とはちょっと違います。昔の「息」の字を見てみましょう。

上の部分（）は今の「自」という漢字。これは「鼻」の象形です。「鼻」という字

の上に「自」があるでしょ。そして、その下から出ているのは三本の線です。この三本線は、鼻から出る空気を表したものでしょうか。

いまの「息」という漢字は「自（鼻）」の下が三本線ではなく、「心」になっています。これは考えてみれば不思議ですね。なぜ「息」に「心」がつくのか。鼻の下に「心」が付いたのはいつで、そしてなぜなのでしょうか。

実は「息」という漢字の成立が遅いだけでなく、「心」という漢字も成立が遅い漢字なのです。

漢字ができたのは（現在、発掘されている限りは）殷の後期、紀元前一三〇〇年くらいです。そのころ殷には武丁という王がいて、この武丁の時代に漢字ができたといわれています。

その頃の漢字は、数え方にもよりますが、すでに五千種類もの文字があります。現代の常用漢字が約二千字であることを考えると、かなり多いといえるでしょう。

しかし、その中には「心」という文字がありません。「心」という文字がないということは「悲しい」とか「悩む」とか、むろん「息」とか、そういう心系のグループ漢字もなかったということです。現在、私たちがふつうに使っている漢字が、殷の時代にはなかったのです。

これはちょっとびっくりです。現代の漢和辞典を見ると、「心」系の部首に属する漢字はもっとも多いもののひとつです。それなのに、五千字も漢字がある時代に、「心」もないし、心系の文字もひとつもないのです。

「心」という漢字が現われるのは、殷王朝が滅んで、次代の周王朝になってからです。この頃から、やっと人は心というものの存在を認識し始めたのでしょう。

しかしせっかく誕生した「心」なのに、心系のグループの文字はなかなか増えず、急激に増えるのはそれからだいぶあと、『三国志』の時代です。人は周の時代になって「心」というものを認識し始めましたが、しかし心のすごさに気づき、それをうまく使う方法を考え始めるのは、まだまだ先のことなのです。

ところが、中国の中心地では「心」という字がまだまだマイナーな時代に、周辺の国家の中にやけに多く使っている人たちがいました。

中山国という小国家の人たちです。古代中国の諸国のほとんどは、農耕を主産業とする人々が作った国です。しかし中山国は「狄」と呼ばれる遊牧民族が建国した国なのです。遊牧を生業とした人々が「心」という字を多く使っていたというのは面白いと思います。「息」という漢字を多く使い始めたのも彼らなのです。

遊牧民族と心との関係から「息」を考えると、「息」という文字はどうも最初は農業というよりも、牧畜や狩猟と関係していたのかもしれない、そう思われるのです。

✝息を合わせることの発見

音楽研究家の小泉文夫氏は世界中の民族の音楽を採集しましたが、その結果、音痴の民族というのはほとんど存在しないということに気づきました。しかし、むろん皆無ではない。その数少ない民族のひとつが「カリブー・エスキモー」と呼ばれるエスキモーの人たちです。

あ、ここでひとつご注意を。音痴というのは、いわゆる西洋音楽的な視点からみたものいいで、それが絶対ではないということは銘記しておきたいことです。いまここでわかりやすくするために使っている「音痴の人」という言葉を定義すると、次の二つができない、あるいはその必要性を感じない人たちをいいます。

（一）リズム（拍子）を一緒に取る
（二）同じ音程で、あるいは和音で音を出す

さて、というような定義に当てはまる人を「音痴」だとすると、カリブー・エスキモー

の人たちはまさに音痴、すなわち一緒にリズムを取ったり、同じ音や和音を出したりしない人たちなのです。

エスキモーには、鯨を獲るクジラ・エスキモーとトナカイ（カリブー）を狩るカリブー・エスキモーがいます。クジラ・エスキモーの人たちは音痴ではありません。同じエスキモーでも音痴なのはカリブーを狩る人たちだけです。

彼らも歌を歌いますが、二人で歌っても、音程や拍子を合わせることをしません。それに対してクジラ・エスキモーの人たちは、非常にリズム感がいい。同じエスキモーなのに、なぜこう違うのか。

それはクジラを獲るためにはリズム感が必要だからです。

クジラを獲るチャンスが年に二回しかありません。非常に少ない。しかもクジラが息を吸うために氷の割れ目に現われた、その瞬間しかありません。そのときに、みんなで息を合わせて一斉に攻撃する、それができなければ獲ることができません。

一本や二本の銛《もり》が刺さってもクジラはびくともしません。みなの銛が一斉に刺さってはじめて捕獲することができるのです。「せーの」で一斉に銛を投げる、そのためにはリズム感が必要です。

このようにクジラのような大型の獲物を捕獲するときには、みんなで息を合わせることが必要になります。ですからクジラ・エスキモーの人たちは音痴ではなくなるのです。それに対してカリブー（トナカイ）はひとりで捕獲できるので、他人と息を合わせる必要がない。音痴でも全然かまわないのです。

これはクジラだけではありません。私たち人類は、音楽によって生き延びてきたといえるかも知れません。

アウストラロピテクスと新生人類である私たちの大きな違いのひとつに、猛獣との関係があります。発掘されたアウストラロピテクスの頭蓋骨には猛獣に食われたような牙痕が多く残っていますが、これが新生人類であるクロマニョン人になると激減します。それどころか、人間が猛獣を狩った跡までもが残っています。

かつての人類は猛獣に狩られる存在でしたが、われわれ新生人類は、猛獣を狩るという、数少ない霊長類になったのです。

これを武器の発達と考える人もいますが、それだけではないでしょう。

先年、マタギの方と山を歩く機会があったのですが、そのときに「熊が見えてから撃ったのでは遅い」と話をされていました。銃という飛び道具を携帯した熟練のマタギですらそうです。

想像してみてください。たとえば銃でもいいでしょう。あるいは現在入手し得るもっとも鋭利な刃物でもいい。それを与えられて「飢えたライオンと一緒の檻に入れ」と言われたら、「冗談じゃない」と思うでしょう。私たち人間は、一対一では、とても猛獣に立ち向かえたものではないのです。

人類が猛獣を狩ることができるようになったのは、数人、数十人が槍や弓などの飛び道具を同時に発射することができるようになったからなのです。あるいは猛獣を崖下に追い落とすような集団行動ができるようになったからなのです。そのためには息のコントロール、すなわち息を合わせることが大切です。

クジラ・エスキモーの人たちは、クジラがいないときには歌を歌っていますが、それはただ遊んで歌っているのではなく、共同体の人たちが、声を合わせ、リズムを合わせる練習をしているそうなのです。

「息」という漢字の下に「心」がつくひとつの理由として、ある日人間は、心によって呼吸を合わせること、すなわちコントロールが可能になったということに気づいた、ということがあるでしょう。

そう考えると「心」をより多く使ったのが、農耕を主とする殷の人々ではなく、長年、定住地を持たずに遊牧・狩猟の生活を送っていた「狄」と呼ばれた中山国の人たちであったということも宜なるかなと思うのです。

†心もコントロールする「息」

さて、「息」という漢字に「心」がついた理由として、その逆、すなわち「呼吸によって心のコントロールもできる」と人が気づいた、そういうこともあるのではないでしょうか。

中国の古典『荘子』には、真人の呼吸として「真人は踵《かかと》で呼吸し、衆人は喉《のど》で呼吸する（真人之息以踵、衆人之息以喉）」ということが書かれています。

この踵による呼吸法は、我が国の白隠禅師によって有名になりました。白隠禅師は、いまでいうウツのような状態に陥ったときに、この呼吸法によって、その危機を脱したのです。

『荘子』に載る呼吸法は、心をもコントロールし得るものであり、そのころにはすでに人は、呼吸によって心をもコントロールが可能であるということに気づいていました。

道教の理想的人間である「真人」になる道として、荘子は踵呼吸を推奨しましたが、『荘子』の中には、このほかにもいろいろな呼吸の方法が示されています。呼吸は、それによって心をコントロールし、そして「真人」、「至人」にもなり得るという、人類が獲得したシンプルで、しかしとても強力な技術なのです。

†ため息とコミ

呼吸は心すらもコントロールできる、そういうことに気づいたのが「息」という漢字の下に「心」がついたひとつの理由ですが、それが「あはれ＝ため息」のもつ力でもあります。「あはれ」が恋の乱れの束ね緒になるのも、ため息によって心がコントロールできるからなのです。

などというと、「そんなこと言ったってなにかいやなことがあったときに思わずつく、あーあというため息が、心をコントロールできるなどとは思えない」、そういう方もいらっしゃるでしょう。確かに、狂気にもなってしまうほどの恋の乱れの束ね緒が、「あーあ」というため息というのは、ちょっと解せません。

実はこれには理由があるのです。

「あはれ」、すなわち「ため息」は、いまのため息とは違いますし、ただの呼吸でもないのです。

「ためいき」という言葉に漢字を宛てれば「溜め息」となります。また、昔の本にはためいきに「太息」、「長嘘」という字を宛てているものもあります。

「ためいき」とは、ただの息ではなく「太息」、すなわち太い息であり、また、「長嘘」、声にならない長い、長い呼気なのです。

太息も長嘘も、ともに腹の奥から出る深い呼吸、すなわち内臓からの呼吸です。その意味では、内臓が動くというスプランクニゾマイの訳語が「あはれ（ため息）」由来の「憐れみ」というのは、正鵠を射た訳語だといえるでしょう。

そして「溜め息」という文字に注目してみれば、それはまさに腹にぐっと溜めた息をいうということがわかるでしょう。

能では、このような深い息を「コミ」といいます。

日本の芸能では「間」がとても大切ですが、能ではこれを息で取ります。それが「コミ」です。

たとえば能の打楽器である鼓には、音という点から見ると三つの要素があります。ひとつは鼓の音。あのポンという音です。もうひとつは掛け声。ヨーとかホーとかいうあれです。このふたつは観客の耳にも聴こえます。

しかし、もうひとつ音としては全く聴こえない、無音の音、「コミ」があるのです。

コミに漢字を宛てれば「込み」になるでしょう。お腹の深いところにぐっと息を込めて間を取る。それがコミです。非常に深いところで取るコミもあれば、比較的浅いところで取るコミもある。このコミの取り方によって、強弱、スピード、高低、間合い、すべてが決まります。

能では、鼓の奏者だけがコミを取っているわけではありません。謡を謡う人も、笛を吹く人も、舞を舞う者も、みな「コミ」を深い腹で取っています。

能には指揮者もリーダーもいません。それどころか、みんなが一斉に集まっての練習や稽古もない。しかも、集まる人たちは、役ごとにみな違う流派に属している人たちです。二日ほど前に一度、全体をざっと通すという「申合せ」はありますが、しかしそれはリハーサルとは全く違います。

感覚的には本番は常にぶっつけに近い。何が起きるかわからない。無の状態、混沌の状態から始まります。

その無の状態、混沌の状態が、この無音の音（息）であるコミの共有によって、徐々に拍子（リズム）や位が作られていく。

コミとは呼吸ですから生きています。時々刻々と変化します。ですから最初に「こんなリズムでいく」とか「こんな感じでいく」ということを決めることはできません。演目（曲）の進行に従って、徐々にできあがっていく。それが能なのです。

能を大成した世阿弥は「せぬ隙」の重要性をいいました。「せぬ隙」とは「何もしていない間隙」のことです。声も発していない、動きもない、何もしていない時空間、まさにコミが「せぬ隙」です。コミの充実が、能を決めるといってもいいでしょう。

指揮者のように、誰かひとりのリーダーに任せるのではなく、各自、各自が自分の息だけを意識するのではなく、全員が全員の身体からあふれ出した「息」に集中して舞台上にいる。

それはまさに内臓感覚の共有であり、溢れ出る身体の共有です。

七七ページで書いたように能の舞台は、観客の海の中にせり出している島です。能に長年親しんだ観客ならば、その海の中で、息、コミ、そして内臓感覚を共有しています。もし、能を観に来ているほとんどのお客さんがそれをしたとき、舞台上の呼吸とそれは同期し、能楽堂全体がゆったりと大きな呼吸をしている、そんな空間が生じるのです。

†首狩り族

しかし、西洋音楽や演劇に親しんだ人たちからは、「能に指揮者も置かず、また全体練習をしないのは、単なる横着なのではないか」というお叱りを受けることがあります。

これは能に限りません。日本の芸能のほとんどが、当意即妙、その場の呼吸を大事にします。そして、それは音楽のもつ呪術性、予言性と関連があると思われるのです。

小泉文夫氏は、首狩り族の音楽についても触れ、「首狩りの上手な部族は歌がうまい」

と書かれています。逆に首狩りが下手で、首を狩られてばかりいる部族は、歌がまずいのだそうです。

首狩り族は、首狩りに行く前に歌を歌います。

歌というものは流麗で優雅なものだと思っている方は、首狩りに行く前に歌を歌うというのは変に感じるかも知れませんが、しかし、前述したようにもともと「楽」という字自体がかなり怪しいのです。

昔の漢字で「楽（樂）」は、こう書きます。

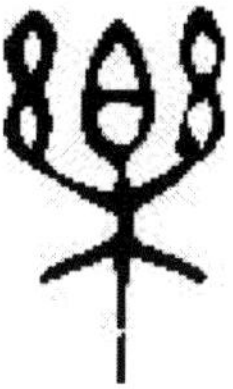

「木」の上に「白」が掲げられ、その周囲にデンデン太鼓についているような打具（糸）がついています。漢字学者の白川静氏の『字通』には、この字を古代のシャーマンの持つ鈴の形であり、「白」が鈴だと書かれていますが、しかし同書の「白」の解説には「されこうべ（髑髏）」の形と書いてあります。となると、この字はシャーマンの持つ鈴ではなく、木の上にシャレコウベを乗せた楽器の形だと考える方がいいでしょう。

頭蓋骨に人皮を張った太鼓というのは世界中にあります。頭蓋骨に人皮を張った楽器は、まさに「楽」の字、そのものです。

「楽」とは、「首狩り楽」の名残なのかもしれません。狩った相手、おそらくは英雄などの首（頭部）を木に曝し、それに皮を張って楽器にした。それが「楽」です。

首狩り族の人たちは狩りに行く前に合唱をします。老人の一声から始まり、やがてほかの人たちがそれに和していく。しばらくすると老人が違う音を出し、ほかの成員がそれに和す。うまくいくかどうかはやってみなければわからない。

やってみてハーモニーがちゃんと聞こえてくれば「みんなの気持ちがあっている。よし狩りに行こう」となり、うまく合わない場合は首狩りに行っても返り討ちに合ってしまう可能性があるからやめるのだそうです。相手も首狩り族なので、首狩りには常に返り討ちの危険がつきまといます。

狩りの前の歌は、単に成員の気持ちを鼓舞するためのものではありません。みんなの気持ちが合っているか、チームワークがうまくできているか、それを占うためのものが歌なのです。

楽しみのための歌ではなく、占いとしての歌です。

これが楽譜があったり、指揮者がいたり、リハーサルがあったりと、予定調和になってしまったら占いにも何にもなりはしない。

孔子は「和して同ぜず」といいましたが、まさにそれがこれです。決まったことを、決まったとおりにやる「同」は意味がない。その場のアドリブで調和が起きる、それが「和」なのです。

首狩り族の歌がそうであるように、あらゆる芸能には予言する力があります。未来予知の機能を芸能は持っているのです。

多くの芸能は過去のことを語り、謡いますが、それは歴史の授業のように出来事を羅列するだけのものではありません。芸能者は、過去の人に憑依され、過去の人として過去のことを語ります。過去を現在に再現する。まさに「いまは昔」の実現が芸能なのです。

それは過去の丁寧なトレースです。

過去を丁寧に、きわめて丁寧にトレースすることによって、自然に焙り出されてくる未来がある。芸能は、過去のトレースによって未来を見せる力を持っています。

しかし、ただ過去を丁寧にトレースしただけでは足りません。そこに絶対、必要なのが「楽」なのです。

平安時代後期の有職故実の書物である『江家次第』には、語り部が古詞を奏するときには、その声は「祝《のりと》」のようであり、歌のようであったと書かれています。日本の語りとは、もともとが歌なのです。

『古事記』や『日本書紀』によれば、芸能の始原は神懸りです。呪術性をベースとする神聖芸能が、日本の芸能の始原なのです。そして、そこでは「楽」が重要な役割を果たしていました。

そして、その場は『イーリアス』や『オデュッセイア』の祭礼の場と同じく、内臓と血の匂いがしていたでしょう。生贄の内臓と、人骨の打楽器。そして、楽の音。その中で王妃や巫女は神懸りしていくのです。

『古事記』で神功皇后が神懸りをして未来予知するときには、琴が使われます。しかも、それを弾くのは天皇です。そしてその「楽」につれて神功皇后は神と一体化して託宣をするのですが、その託宣も『江家次第』の語り部のようにおそらくは歌われていたでしょう。

「歌《うた》」は「打つ」と語源を同じくするという説があります。人の心や神や天地を打つのが「歌」です。能で使うお道具（楽器）はすべて「打つ」ものです。唯一の管楽器である笛（能管）も、打つように吹きます。

内臓の深部より発する息によって打つ、それが「歌」であり、「楽」なのです。

†エレイソンと無言の力

同じ「楽」でも、首狩り族の人たちの「楽」と日本の「楽」はちょっと違います。首狩りの前に歌を歌う首狩り族の人たちが重視するのはハーモニーです。しかし、日本の歌のほとんどがソロか斉唱です。ハーモニーはありません。日本の芸能では音が合っているかどうかよりも、「間」、すなわちコミ、深い息が合っているかどうかが重要なのです。

『聖書』で「あわれみ」をあらわす語にはスプランクニゾマイのほかにいくつかあります。そのひとつが「エレイソン」です。聖歌の「キリエ」では「キリエ・エレイソン（主よ、あわれみたまえ）、クリステ・エレイソン（キリストよ、あわれみたまえ）」と歌います。そのエレイソンです。

この「エレイソン」は、歓声を上げるというのが原義です。実際に声をあげて「あわれみたまえ」と訴える、それが「エレイソン」です。それに対して「スプランクニゾマイ」は無音の「あわれみ」です。

能の「コミ」が無音であるように、日本の「歌（うた）」の本質は無音です。

現代人である私たちは何かを訴えようとするときに「ことば」を使うのが当たり前になっています。「ことば」はとても大切です。しかし、「ことば」は「事の端」、すなわち現象の一部をあらわしているに過ぎないことも事実です。本来は膨大な、しかし漠とした「事象」を、人に伝えるために「微分」して、そのほんの一部を「ことば」として発します。

現時点での私たちの脳は、何かを伝達するときにも、何かを受け取るときにも「微分」をするしかありません。

たとえば旅先で、すごい滝に遭遇したとします。滝は目の前で、三次元の立体として存在しています。いや、立体だけではありません。その流れは時間の次元に属しますし、轟々という音は音の次元に属します。しかし、これを人に伝えようとするときは、たとえば写真に撮ります。その時、写真は微分を施されて二次元になってしまいます。

いまなら動画もあるでしょう。3Dの動画を自由に撮ることができる時代も近いかも知れません。それでも、いま目の前にある「滝そのもの」を伝達することはできません。さまざまな微分したものだけが相手に伝えることができる「コトバ」です（この「コトバ」は言葉に止まりません）。

受け手は、微分された一部を、今度は自分で「積分」することによって理解します。

発信者の語り方がうまく、そして受信者の感度がよければ、その感動はかなり正確に伝わるでしょう。むろん、微分も積分も、その人の経験の範囲内でのみしかできないので、聞き手が十人いれば十人が別々の滝をイメージしながら別々の感動をしているというなんとも不思議な現象が起こっています。

しかし、不思議なことに、どんな精巧に作られた3D映像よりも、よき発信者とよき受信者によってなされる、極度に微分された「コトバ」による伝達の方が正確であり、感動的であることがままあります。

言葉になる以前の「声」だけでも行われます。思いがあまりに強い場合には、言葉という知的な部分を通さず「声」だけによって苦しみや悲しみなどを伝えようとします。

しかし、声ですら邪魔なときがあります。声を発するという行為は、喉を絞めることによってなされますが、喉を絞めたその瞬間に、声には出さずとも、相手に伝えようという意志はすでに含まれています。

「あはれ」とは、苦しみや悲しみと、感情を限定しないため息でした。言語化できない心の動きでした。もし何かの言葉にしたり、声にしたりして伝えようとした瞬間に違うものになってしまいます。

発信者の感動をそのまま伝えるには、世阿弥のいう「せぬ隙」、すなわち極度に微分された歌である「歌わない歌」、「無音の音声」でしかないのかも知れません。

世阿弥は「心より心に伝ふる花」という表現を使いました。ここの「心」は「こころ」と読まずに「シン」と読みます。

前に「こころ」とは変化するものだと書きました。心的機能のもっとも表層にあるのが

「こころ」です。こころはころころ変化する。そして、その変化する「こころ」の深層にあるのが「思ひ」です。

しかし、そのさらに深層にもうひとつの機能があります。それが「心（シン）」です。心的機能のもっとも深層、基層にある「心」は、「芯」でもあるし「神」でもあります。言語化もできないし、声にも出せない最深層の心的機能です。

私たちは「以心伝心」という語を日常的に使いますが、これは本来、禅の用語です。言葉にも文字にもできないことを、師から弟子に、瞬時に、しかもまるごと伝えることをいいます。それができるのは、師も弟子もお互いが「こころ」を拭い去り、「思ひ」も捨て、丸裸の「心（シン）」の状態になったときです。

世阿弥のいう「心より心に伝ふる花」も、まさにそれでしょう。

「心」という漢字の原初の形は、おそらく男性性器を描いたものです。

能の謡で、本当に強い曲を謡うときには、睾丸の跡が舞台に付くくらいに謡えといわれ

ます。能管（能の笛）でもそういわれているとか。そして、謡にしろ、笛にしろ、もっとも力が入っているのは無音のコミの時なのです。

睾丸が舞台に付くくらいに、腹の深部に力を入れる。それが「心」であり、その腹の力に支えられているのがコミであり、また「あはれ」なのです。

となると、「あはれ」である内臓感覚は、古代中国にあっては内臓よりももっと下の部分、男性性器のあたりにあり、それに由来するものかも知れません。

無音のコミである「あはれ」は、まさにスプランクニゾマイのように、何も言葉を発しなくても、そのままダイレクトに相手に伝わるのです。それこそが以心伝心です。

†ヘブライ語とアッカド、シュメール語の憐れみ

漢字の「心」が男性性器の形だと書きましたが、その話をすると女性からは「じゃあ、むかしは女性に心がなかったの」といわれます。

むろん、そんなことはない。女性の心はどうも子宮にあったようで、しかもその成立は漢字の「心（）」、すなわち男性性器の心よりも早いようなのです。

二一四ページで紹介したイエスの「はらわたが動く（スプランクニゾマイ）」はヘブライ語由来の言葉です。ヘブライ語では「憐れみ」を「ラハミーム（רחמים）」といいますが、

実はこれは複数形で、その単数形である「ラーハム（רָחַם）」は子宮を意味するのです。すなわち、ヘブライ語の「憐れみ（ラハミーム）」は、内臓がぐわっと動いたというよりも、子宮がごにょごにょと反応したということのようなのです。

ちなみに『旧約聖書』の中で「憐れみ」と訳されるヘブライ語が、すべて「ラハミーム」だというわけではないことは「スプランクニゾマイ」と同じです。それを詳述している紙幅はありませんが、ひとつ聖書の中にはまさに母の思い、すなわち子宮の動きが「憐れみ（ラハミーム）」として書かれている箇所があります。

これは、大岡裁判にも似ている話があります。

聖王ソロモン王のもとに二人の遊女がひとりの赤ん坊を連れてやってきました。そしてともに「これは我が子であり、相手がウソをついている」と訴えたのです。ふたりはともに赤ん坊を産んだのですが、実はこのうちひとりは寝ているときに赤ん坊に寄りかかって圧死させてしまったのです。

お互いに「自分の子である」と言い張って譲らないふたりに、王は家来に命じて剣を持って来させます。

そして「この子を二つに裂き、一人に半分を、もう一人に他の半分を与えよ」と命じました。

するとひとりの母親は、子を哀れに思い（ここで「ラハミーム」）、「この子を生かしたままこの人にあげてください。この子を絶対に殺さないでください」と言ったのです。

そこで王は、この女こそこの子の母であると裁きを下し、彼女に子を渡したと書かれています（列王記上3章25節）。

いままさに斬られようとする我が子。文字通り腹（子宮：ラーハム）を痛めた子。その子に母の子宮が反応した。そのときに「ラハミーム」が使われます。

ちなみにここの訳は新共同訳では前掲の通り「哀れに思い」となっているが、新改訳では「胸が熱くなり」と訳され、文語訳では「心其子のために焚《や》けるがごとくなりて」と訳され、ともにその思いの強さが強調されます。

そして、このヘブライ語「ラハミーム」は、さらに古い言語であるアッカド語由来の言葉です。

アッカド語では「憐れみ」を「レムム（remum）」といいます。また、そのひとつ前の時代、シュメール語では「アルフス（ARḪUS）」といいます。そしてその両者ともに、憐れみには「子宮」という意味があるのです。

アッカド語やシュメール語は楔形文字で書かれていますし、その原型となる古拙文字もあります。形がわかりやすい古拙文字を紹介しましょう。

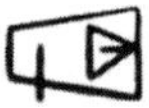

この文字の中にある「」が「女性」を表す文字であることがわかれば、「子宮（憐れみ）」の文字もなんとなくわかるでしょう。「子宮」や「憐れみ」を表す文字は、「女性（性器の位置）」のすぐ上の腹部を指し示しています。胎児の座を指し示す文字です。

前に、欲求のベースは「見る」、すなわち性器を代表とする粘膜同士の同期であるということをお話しました。古代中国においては「心」は男性性器であり、古代オリエントでは女性の子宮でした。そしてそれがギリシャ語では内臓の同期となった。

「心」も「感情」もお腹の深いところから発生する、それが古代の人々の身体感覚だったのです。

音痴な音を出す能管

内臓の深部より発する深い息、これに「あはれ」と名づけて大切にしてきた日本人ですが（またまた我田引水で恐縮ですが）、能ではこの深い息をとりわけ大切にするとして、コミの話などをしました。しかし、深い息の重要性はコミだけではありません。

能は六五〇年も続いてきた芸能です。世界の芸能の中でも群を抜いて長命の芸能ですし、いまだに観客からの入場料、すなわち興行で成り立つという世界でも稀有な伝統芸能です。ですから、この能が十年、二十年の間になくなるとはとうてい考えられませんが、しかしそれでもやはりこれから千年、二千年経ったあとは、能が存続しているかどうかはわかりません。

紀元前二〇〇年ごろには盛んだったギリシャ劇が一時期なくなっていたように、能もある時期に突然、なくなるという可能性はゼロではありません。

そんなギリシャ劇を再興してみようと始まったのがオペラです。ペーリやモンテヴェルディのような初期のオペラは、ギリシャ劇を再興する試みだったといいます。紀元前二二〇年頃にはなくなってしまったギリシャ劇がどのようなものであるかを一六〇〇年頃のヨーロッパで再興してみようという試み、それと同じことが千年、二千年先の日本で能に対して起きる可能性があります。

さて、これから数千年後、すでに行われなくなった能（数千年後でも上演され続けている可能性もあるのが能の怖さでもありますが）を、初期のオペラと同じように再興しようとする人が表れたと仮定してみましょう。

偶然、発見された能に関する一群の資料をある研究者が見つけた。その頃には優れた保存技術が生まれている（はずな）ので保存状態はかなりいい。

発見されたのは上演台本と楽器、そして面と装束、そして写真。録音されたものや録画されたものも見つかったが、能が最後の上演されたときから千年以上の年数が経っているのでそれを再生する方法は見つからなかった。磁気でもディジタルでもない録画・再生が一般的になっているからです。

研究者が、知的にも身体的にも感性的にも優れた人であったならば、それらの資料をあれやこれやしているうちに能で使われる笛「能管」の不思議さに気づくはずです。

能管をさまざまな方向から研究したときに、その構造の不思議さをまずは疑問に思い、そしてその不思議さの意味に気づくはずなのです。

ここまでくれば現代行われている能とかなり近いものが再現されるでしょう。

能管は、雅楽で使われる「龍笛」に外観はそっくりです。しかし、龍笛にはない、いくつかの特殊な構造があります。

その最たるものは「のど」と呼ばれる構造です。

「のど」とは、歌口と指孔の間に挿入されている細い竹をいいます。この「のど」が入ることによって引き起こされる性質は、通常の楽器製作者が目指す方向とはまるっきり逆の結果となります。

ひとつは「のど」によって、能管は「音痴」になります。音痴というのは、むろん正確ではありません。管楽器として「音痴」なのです。

能管と形が似ている龍笛はもちろん、それ以外の笛でもほとんどの楽器は、同じ指使いで息を強く吹き込むとオクターブ上の音を出すことができます。しかし、能管は「のど」があるために、強く息を吹き込むと、音によってオクターブより低い音になったり、高い音になったりするのです。

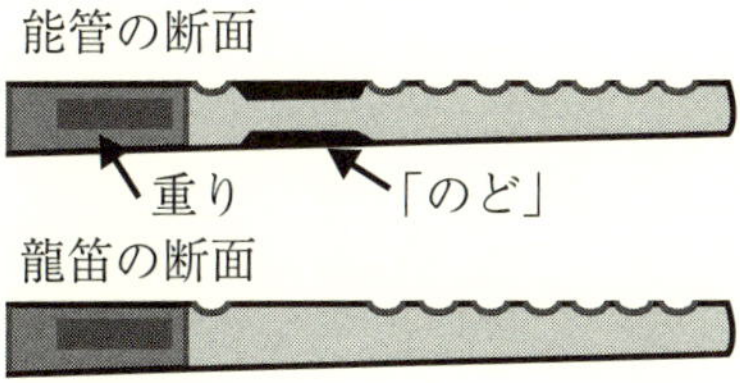

しかも、そこに法則性はない。だから「五線譜上のこの音を出したい」ということはかなり難しい（息の調整によって可能ですが）。

また能管というのは、一管一管大きさが違うし、音程も違います。むろん「のど」も違います。「みんなで同じ音を出す」という発想がないから、これでいいのですが、それによって数的な法則性からは遠ざかります。

いや、「遠ざかる」というのはちょっと違うかも知れません。能管は数理的な法則性を意識的に排除しているのです。音楽に幾何学を見、そして天空の配置に音楽を見たピタゴラスが聞いたら怒りそうですが。

この「音痴」さと、そしてわざと息を外に漏らして吹くノイズ的な奏法によって、謡い手がどのような音で謡っても合う、と同時にどんな音で謡っても合わないということが起きます。

しかもこれは能の発展に従ってそうなってきたようなのです。能が大成された世阿弥の時代、室町時代にはちゃんと音を合わせていたらしいことが世阿弥の伝書を読むとわかります。

ふつうならば製造技術の発展とともに楽器はより厳密な音が出るようになり、数理的な法則性が増すはずなのに、楽器や音楽の発展とともに法則性から外れ「音痴」になる、これが能なのです。

†深くて強い息のために

そして「のど」があることによるもうひとつの特徴、それは「音が出にくくなる」ということです。

笛の中にわざわざ異物を入れるわけですから音が出にくくなるのは当然です。楽器製作者からしてみれば「なぜ、わざわざそんなことを」と思うでしょう。楽器を演奏する人にとって、音は出やすいほうがいいに決まっています。それをなぜそんなことをするか。

その理由はわかっていません。

しかし、これによって第2章で紹介した「ヒシギ」という高裂音を出すことができるからではないだろうかと私は思っています。「のど」がなくてもヒシギと同じような高い音を出すことはできます。実際、外観は能管に似ている龍笛でもヒシギのような音は出ます。しかし、冥界とこの世の境界を破るような、高い裂帛音を出すことができるのは能管だけです。

あの能管のヒシギを出すためには「のど」による音の出にくさが重要なのです。音の出にくい楽器に、内臓の深部より発する深くて強い息を吹き込んだときに、あの能管独特の

「ヒシギ」が生まれます。

これはもっと音の出やすい、たとえばリコーダーなどで高い音を出すことを想像するといいでしょう。そのような楽器で出した高い音は、ただうるさいだけの高い音になります。能管のような音を出すことはできません。

そして、このことに後代の研究者が気づいたとき、能という芸能がどのような芸能であったかを想像することができるのではないでしょうか。

この能管の特徴は、人間でも同じです。

若い役者は、喉もからだも強いし、柔らかい。大きな声も出るし、激しい動きもできます。

しかし、そんな喉やからだで出した声や動きは能になりません。私がもっと若く、からだも自由に動いたころ、型の稽古をしていただくと「それでは体操みたいだ」とか「それじゃあ、ダンスだ」とかいって叱られました。

声も「うるさい」と叱られました。しかし、だからといって抑えて謡うと「もっと張れ」と、これまた叱られます。

若い頃は「うるさい」といわれ、「アクロバットみたいだ」と揶揄されながらも、ただ一生懸命に勤める。「師匠が生きているうちは『うまい』といわれようと思うな」とも言われました。ただ、いわれたことを自分の最大限の力で演じる。

うるさいし、品もない。

が、そのように一生懸命勤めていて老年になり、声帯も固まり自由な振動もままならず、美しい声など出なくなったとき、そのときにこそ「内臓の深部より発する深くて強い息」によって出る声こそが能の声なのです。

そのためには、何はともあれ老いなければならない。からだも硬くなり、声帯も硬直化する。そんな「老い」こそ、もっとも重要であり、そして心から望むべき状態なのです。

†衰える身体

しかし現代は、「老い」を嫌悪しているように感じます。いや、嫌悪というよりも恐怖しているようにすら感じる。

若さを保ち、若く見えることに時間もお金も費やしている人が多い。美容やエステにお金をかけるだけでなく、スポーツセンターでからだを鍛え（というより、からだを痛めつけ）、整形までする。若さのためにお金だけでなく、からだもすり減らしているというなんとも不思議な現象が起きています。

「老」という文字を見たときに、古典芸能に関わる人ならば「老成」という言葉を思い浮かべる人が多いと思うのですが、どうも世間では「老醜」が浮かぶようなのです。「老い」というのは醜いものであり、ひとさまの迷惑になるものであり、できるだけそういう状態にはなりたくない。そう感じるようなのです。

　古典芸能の世界では逆です。「若い」というのは、相手を揶揄する言葉でこそあれ、決してほめる言葉ではありません。「ふん、若いな」といわれたりします。

　若いよりも「老い」の方がいい。これは日本語の語源をみてもいえることです。

「若い」の語源は「弱い」とか「わずか」であるともいわれています。少なくとも上代においては、若いとは「幼い」という意味でした。未成熟な状態が「わかい」なのです。

　それに対して「老い（老ゆ）」は「多い」とか「移ろう」が語源だといわれています。成熟した状態、さまざまなことを体験して大人になった状態、それが「老い」なのです。

　ですからアンチ・エイジングなどは冗談ではない。できるだけ早く、自然に美しく年を取りたいと思っているのです。

　中世になると「老い」と「生い」とは同じような音として共用されるようになります。ともに、ヤ行上二段活用の言葉として、耳から聞いただけでは違いがない同音の言葉です。

　ですから能『井筒』には次のような謡があります。

シテ：筒井筒。
地謡：筒井筒。井筒にかけし。
シテ：まろがたけ。
地謡：生《い》いしにけらしな。
シテ：老《い》いにけるぞや。

能『井筒』は、『伊勢物語』の筒井筒の段の女性（井筒の女）の亡霊がシテ（主人公）です。

井戸で背比べをした幼い二人が、大人になって恋心を感じて和歌を送りあったという「井筒」の物語。

そのとき男が送った歌……

筒井筒　井筒にかけし　まろがたけ　過ぎにけらしな　妹見ざる間に

（井戸の井筒で背比べをしてきましたが、あなたに会わないうちに私の背は井戸の高さを越えてしまいました）

を少しアレンジした詞章です。

能のシテである井筒の女は、すでにこの世の人ではありません。亡霊である彼女なのに、相手の男である在原業平の形見の冠と直衣《のうし》を身につけると、業平に憑依されてしまい、そして「恥かしや、昔男（業平のこと）に移り舞」と舞を舞うのです。

亡霊が、別の亡霊に憑依されて舞を舞う。しかも、女性が男性に変容しているし、しかも女の面をつけて舞っているのは男性というジェンダーも交錯している、不思議な状況です。

井戸に射す月影は、いまの月影ではない。平安時代、『伊勢物語』に出てくる月の光。そして、その井戸も「筒井筒」の物語に出てくる井戸。いまでありながら、ここは平安時代にタイム・スリップしているのです。

それに気づいたとき、彼女は先ほどの詞章の五七五の上の句を謡います。

「筒井筒　井筒にかけし　まろがたけ」

続く七七の下の句は『伊勢物語』では「過ぎにけらしな」ですが、能では「生いしにけらしな」と地謡が謡います。

そして、それを受けてシテ（井筒の女）は地謡の謡った「生い」を「老い」に変えて「老いにけるぞや」と謡います。

地謡の「生いしにけらしな」は背丈が伸びた（あるいは髪が伸びた）なのに対して、シテの「老いにけるぞや」は時が移ったという意味。

文字で見ると全く違う意味のようですが、しかし「生い」も「老い」も能ができた室町時代ではほとんど同じニュアンスで使われていたのです。「老い」も、新たな成長、すなわち「生い」なのです。

能では彼女はそれから、筒井筒の物語に出てくる井戸をのぞきます。するとそこに見えるのは男の姿。自分が女なのか男なのかわからなくなり、男女の境界も曖昧になる、その中で舞を舞い続けるのです。

†「身」の境地に至るまで

能もエンタテインメントですから若々しい美しさも大切にはします。

能を大成した世阿弥も、その初期の芸論では若さの重要性をうたっています。

たとえば『風姿花伝』には「麒麟も老いては駑馬に劣る」などと書いています。麒麟のような聖獣ですらも、老いてしまったら足の遅い駑馬にも劣るというのです。ですから（当時の）五十有余才の役者は「しない以外にはすべきことはない（せぬならでは手立てあるまじ）」などともいっています。

しかし、同時に「年を取っても花がある役者には、どんなに若い花でも勝つことはないだろう」ともいっています。

大切なことは年を取っても「花」を保つことです。それは決して「若さ」を保つことではありません。「若さ」というのはいずれはなくなるもの。それに頼っていては、芸能者としてはむしろ危険なのです。

だから世阿弥時代も、そして現代の能の世界でも「子方」と呼ばれる子どもの扱いは演劇や芝居とはまったく違います。子方が、いわゆる「うまい」のは危険であり、そのような演技はさせてはいけないとされています。

子どもは子どもとしての精一杯を演じる。たとえ悲しい作品で、子どもの精一杯さが邪魔であろうと、そこで演劇的に悲しい演技などはさせない。ただ元気に、精一杯で演じる。そしてそれを受容するのが古典芸能の鑑賞者です。

だから、どんな子どももちやほやしない。子どものころにちやほやされてしまうと、今の自分を「花」だと勘違いして、それで成長が止まってしまうからです。ちやほやされていた子ども時代を、いつまでも基準点にしてしまうからです。

世阿弥が老いの「誤り」としてあげているのは、自分の花がすでに失せているのも知らず、若いころの名声ばかりを頼りにして、若いころと同じようにすることです。

世阿弥は「住する所なきを、まづ花と知るべし」と書いています。老いても「花」であるためには立ち止まらないこと、過去の栄光にしがみつかないことが大切です。

「麒麟も老いては駑馬に劣る」などと書いた世阿弥も、年齢を重ねると「老い」に対する考え方が変化してきます。老いても花を保つという「消極的な老い」論から、老いてこそ芸の真髄を発揮できるという、現代の能に通じる「積極的な老い」論に変化してくるのです。

からだも十分に動かず、声も美声ではなくなってきた。その時にこそ本当の能、すなわち「心（しん）にてする能」、あるいは「心より出で来る能」ができるようになるのです。

そういう能では謡の美しさや舞の素晴らしさは二の次になります。世阿弥は「舞・働は態（わざ）なり。主になるものは心なり。また、正位なり」といいます。

舞や動作を従として、「正位心」という悟りにも似た境地を主にして舞う能です。

この「正位心」で思い出すのは『論語』の「従心」です。

「従心」は孔子、七十歳の境地をいう言葉です。

十有五で学に志した孔子の魂の遍歴は、七十歳の「心の欲する所に従いて矩を踰えず」で完成します。

『論語』の中で「心」という漢字は少ししか使われていません。孔子にとって「心（シン)」とは、決して表層の「こころ」ではありません。その深層にある「思い」でもなく、さらに深層にある芯である「心（シン）」なのです。

そして「矩を踰えず」の「矩」とは単なる社会の規範ではなく、荘子が「天鈞」と名づける宇宙に遍満する動的な法則をいいます。荘子は、そのような動的な法則が運行する天、その中でゆったりと休むといいます。

七十歳になって、ようやく「心（シン）」に出会った孔子も、「心」に従えば、宇宙の変幻自在な秩序の中で自由に舞い遊ぶことができることを発見したのです。

その「心」こそ世阿弥のいう「正位心」であり、孔子の天鈞遊泳は世阿弥の「正位心」による舞です。

そのとき、私たちの「こころ」と「からだ」と「たましい」はひとつになり、人類が純粋だったころに体験した、そして私たちが幼い頃に体験した、心身未分化の「み（身＝実）」の境地に再び至ることができるのです。

世阿弥はその境地を「妙」とも表現しています。それは「言語を絶して心行所滅」、すなわちあらゆる差異が消滅して、心も行いもない状態、そんな境地です。

そのような状態を作るための方法を「尽心」といいます。本章で紹介した「惻隠の情」の『孟子』の中に出てくる言葉です。

「尽心」は「心を尽くす」と読めますが、「尽心」の「尽（盡）」を古代文字で書けばこうなります。

刷毛（）を手（）で持ち、皿（）の上をさらさらと払っているさまです。私たちの「こころ」の表層についているさまざまなゴミを払いに払い、さらに払って生まれたてのようなまっさらな「心（シン）」にする、それが「尽心」です。

私たちが目指すべき境地はこのような境地ではないでしょうか。アンチ・エイジングでも、またいつまでも若々しさを保つことでも決してなく、太陽の光や雨や草木に感動する、そんなまっさらな「心（シン）」をもった大人になることではないかと思うのです。

ある年齢になったら、いつまでも俗世のことにしがみついているのではなく、お金も地位も持ち物も知人も、あらゆることを自分の周囲から減じていき、そしてまっさらな生まれたままの「心（シン）」をもつ「み（身＝実）」を取り戻そうとする。

文字通り、世の中から隠れ住む「隠居」生活です。

しかしこの境地はいわゆる到達点ではありません。「点」ではないのです。その境地は常に道であり、永遠万古に続く動的な状態なのです。

世阿弥はいいます。

「命には終りあり、能には果てあるべからず」

命が終わっても続く道、私たちの「身」は永遠の天鈞の中に漂っているのです。

あとがき

年を取ると体力は落ちるものだ。

そういわれている。しかし、どうもその実感がない。まだ還暦前の五十八歳だから、これからどうなるかはわからないが、少なくとも自分の感覚としてはむしろ年を取ってからの方がいろいろと楽になったような気がする。

むろん、できなくなったこともある。若い頃には軽々とできた大車輪や蹴上がり（鉄棒の話です）などはできなくなった。だが、長い時間歩くことは若い頃よりはずっと楽になったし、大量の仕事を抱えてもヒーヒーすることもなくなった。どんと来い！　である。

運動らしい運動は何もしていない。スポーツクラブにも通ってないし、ジョギングだってしていない。それなのに、体力はむしろついてきているようなのだ。

そうなると「体力」っていったい何だろうと思ってしまう。そう思って調べてみるとどうもはっきりしない。文科省も厚労省も「体力とは何か」の定義をはっきりとはしていない。

で、こんな風に体力について考え始めると、体力という言葉が実に変な言葉に思えてきた。

変でしょ。「体力」、からだのちからって。

考えれば考えるほど、その変なところが気になってしまい、やがて体力なんてものは存在しないんじゃないかと思えてきた。そうだ。体力なんてないんだ。ないに違いない。体力なんか、もともと存在せず、体力的なものなどは考え方ひとつで変わってしまうのだ。

引きこもりの人たちと『おくのほそ道』をたどって、仙台から平泉の中尊寺まで歩いたときのことだ。目的地、平泉を前にして前夜は一関に泊まった。

翌日、中尊寺に参詣する日は日曜日に当たる。彼らは人込みが苦手だ。世界遺産にもなったことだし、混むことが予想される。なるべく早朝に着こうと思い、「ここから平泉まで車で行ってしまおうか」と提案した。

「どのくらいあるのですか」

「だいたい十キロくらい」

「なら、近いんで歩いちゃいましょう」

引きこもりをしていた人たちだ。いわゆる「体力」なんてない。歩き始めるまでは、一日七、八時間歩くと聞いただけで不安になっていた。普段の生活で「十キロ歩け」といわれたら冗談じゃないと思うだろう。そんなに歩けるもんかと思う。そういう人たちである。

それが十キロを「近い」というのだ。

芭蕉の跡を追っているうちに、彼らにとって十キロは二里半になり、楽に歩ける距離になっていたのだ。

彼らと歩くときには俳句をひねりながら歩く。時には歩きながら連句もしたりする。ただ歩くのではない。自然を眺め、ときには自然と一体となりながら歩く。そうしているうちに彼らの視点は「歩く」という自分自身から、自然や自然の中の自分へと変わる。

そうすると疲れなくなるのだ。自分の身体から世界に目を向けるだけで疲れが全然違うのだ。

どうも現代人は自分の身体を気にしすぎるのではないか。

昔の人は、とてつもなく長い時間感覚や、身体に対するおおらかさをもっていた。そして自分を自然の中に置いて、ゆったりと生きていた。ちなみにそれが現代に残っているのが能の世界である。だからか、能の世界の人たちは、高齢になっても現役を続けている。

本書は、その基盤となっている日本人の身体観を古典から拾ってきた。

老いることを極度に恐れ、アンチエイジングや健康器具に走る日本人に、昔の日本人の身体観は、もうひとつの可能性を見せてくれるのではないかと思って本書を書き始めた。

そうしたら話は留まるところを知らなくなり、ほとんどもう一冊の本ができるくらいのものを書いてしまい、いつまでたってもまとまらなくなってしまったので、そこは今回は割愛した。たとえば「枕詞と歌枕と記憶」について、たとえば「物語と道行」について、たとえば「論理の発生と展開」についてなどなど。いつかここらへんもまとめる予定です。

あ、ここでひとつ注意を。

体力的なものは考え方ひとつで変わると書いたが、しかしだからといって「考え方ひとつでものごと何とでもなる」というような精神論を開陳する気は毛頭ない。「こういう考え方をすれば体は楽になる」などというハウツーなどもない。

だいたい「からだがつらい」といっている人に「考え方ひとつで楽になる」などということは決していってはいけない。考え方は一朝一夕には変わらないし、変えてはいけないものなのだ。

古典をゆっくりじっくり読んだり、昔の人の世界にたらたらと浸っているうちに、なんとなく体がゆるんでくる、それを待つ。それが大事だ。

最後にちょっと我田引水をすると、古典の世界に生きる手っ取り早い道は古典芸能の世界に浸ることだ。古典芸能の舞台に足を運ぶのもいいし、古典芸能を習ってみるのもいいだろう。古くて新しい世界が見えてくる。

二〇一四年七月　安田登

ちくま新書
1087

日本人《にほんじん》の身体《しんたい》

二〇一四年九月一〇日　第一刷発行
二〇二五年四月二〇日　第四刷発行

著　者　安田登（やすだ・のぼる）

発行者　増田健史

発行所　株式会社　筑摩書房
東京都台東区蔵前二-五-三　郵便番号一一一-八七五五
電話番号〇三-五六八七-二六〇一（代表）

装幀者　間村俊一

印刷・製本　三松堂印刷株式会社

ISBN978-4-480-06794-4 C0212